Impressum
Verlag: BABADADA GmbH, Nedderfeld 112 , 22529 Hamburg
Geschäftsführer / Verlagsleitung: Harald Hof
Druck: Books on Demand GmbH, In de Tarpen 42, 22848 Norderstedt

Imprint
Publisher: BABADADA GmbH, Nedderfeld 112 , 22529 Hamburg, Germany
Managing Director / Publishing direction: Harald Hof
Print: Books on Demand GmbH, In de Tarpen 42, 22848 Norderstedt

σχολείο

دبستان

σχολική τάξη
سەف
διαιρώ
پارکرن
186/2
πίνακας
تەختە
σχολική αυλή
هەوشا دبستانێ
δάσκαλος
مامۆستە
χαρτί
کاخەز
γράφω
نڤیساندن
στυλό
پێنڤیسک
γραφείο
ماسە
χάρακας
راستەک
βιβλίο
پرتووک
μαθητής
خوەندەکار

σχολική τσάντα

چەوال

κασετίνα/ μολυβοθήκη

قووتی نڤیستۆک

μολύβι

قەلەمرساس

ξύστρα

نڤیستۆک تووژکر

γόμα

ژێبر

μπλοκ ζωγραφικής

نڤیسکا نیگارێ

ζωγραφική

نیگار

πινέλο

فرچییا ڕەنگێن

κουτί χρωμάτων

قووتی ڕەنگ

ψαλίδι

مەقەس

κόλλα

لەزاق

τετράδιο ασκήσεων

پەرتووکا فێربوون

εργασία για το σπίτι

ومزيفا مالێ

12

αριθμός

هەژمار

2+2

προσθέτω

زێدەکرن

5-2

αφαιρώ

دەرخستن

2×2

πολλαπλασιάζω

زێدەکرن

υπολογίζω

هەسباندن

A

γράμμα

تیپ

ABCDEFG HIJKLMN OPQRSTU VWXYZ

αλφάβητο

ئالفابه

hello

λέξη

پەیڤ

κείμενο

نۆیسێ

διαβάζω

خواندن

κιμωλία

گچ

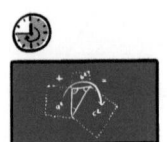

μάθημα

دەرس

εγγράφομαι

قەیدکرن

τεστ

ئیمتیهان

πιστοποιητικό

شەهادە

μαθητική στολή

کنجا دبستانێ

εκπαίδευση

پەروەردەهی

εγκυκλοπαίδεια

زانستنامە

πανεπιστήμιο

زانینگە

μικροσκόπιο

میکرۆسکووپ

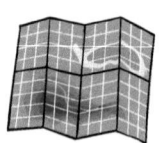

χάρτης

خەریتە

καλάθι αχρήστων

سەپەتا کاخەرزێ

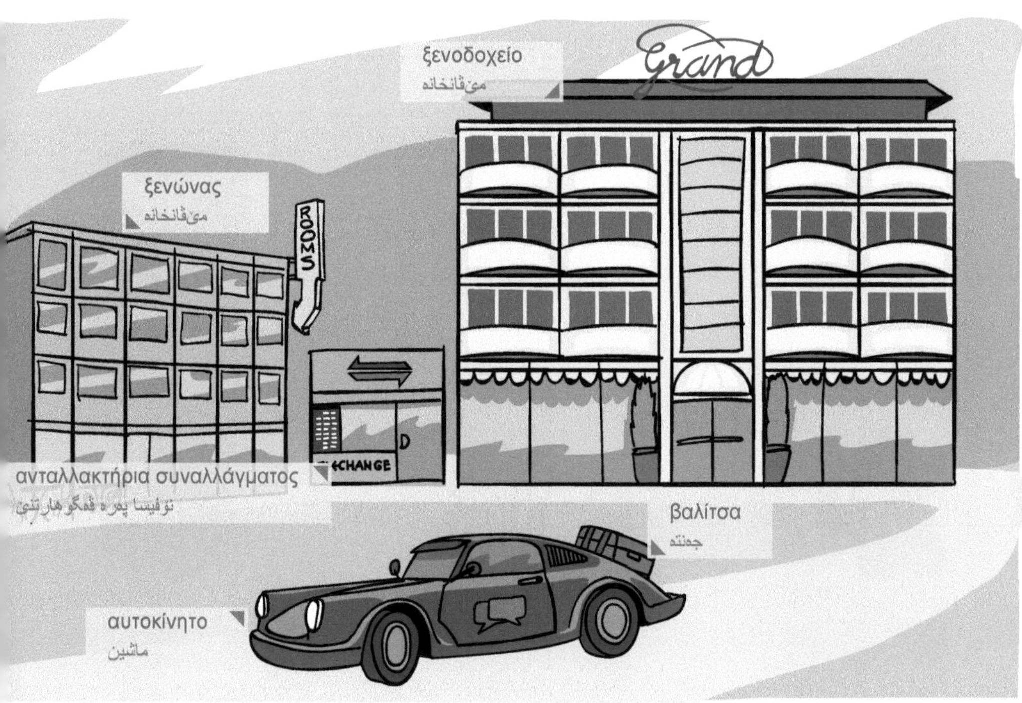

ξενοδοχείο
مێڤانخانه
Grand
ξενώνας
مێڤانخانه
ROOMS
EXCHANGE
ανταλλακτήρια συναλλάγματος
نوفیسا پەرە ڤەگوهارتنێ
βαλίτσα
جەنتە
αυτοκίνητο
ماشین

γλώσσα

زمان

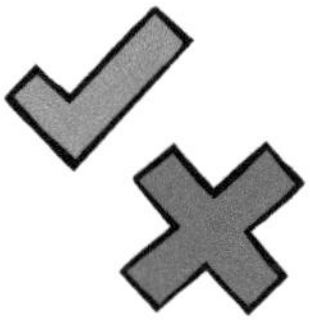

ναι / όχι

بەلێ / نا

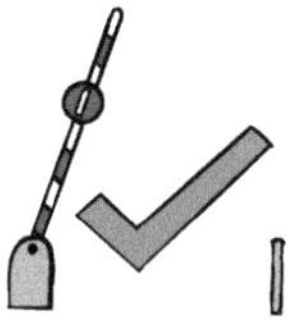

εντάξει

باش

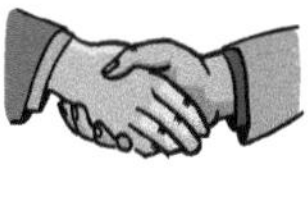

γεια σου

سلاڤ

μεταφραστής

وەرگێرا نڤیسکی

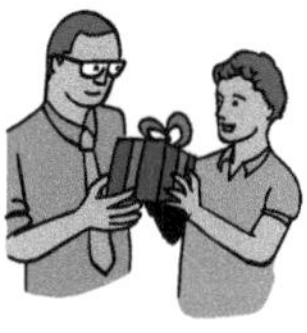

Ευχαριστώ

سپاس

πόσο κάνει ;

بهايى ... چ قاسده؟

Δε καταλαβαίνω

ئەز فام ناكم

πρόβλημα

نارێشده

Καλησπέρα!

ئێڤارباش!

Καλημέρα!

سپێدى باش!

Καληνύχτα!

شەڤ باش!

Αντίο

خاترێ ته

κατεύθυνση

نالى

αποσκευές

هوورموور

τσάντα

چەنتە

σακίδιο πλάτης

چەنتە پشت

καλεσμένος

مىڤان

δωμάτιο

ئۆده

υπνόσακος

جامه خدو

σκηνή

چادر

τουριστικές πληροφορίες

ناگاگىيىن گەرزوكان

παραλία

رەخى ئافى

πιστωτική κάρτα

كارتى قەرزى

πρωινό

تاشتى

μεσημεριανό

فراقىن

δείπνο

شىڤ

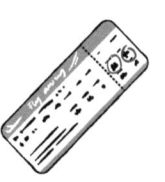

εισιτήριο

كارت

ανελκυστήρας

ئاسانسۆر

γραμματόσημο

پوول

σύνορα

تخووب

τελωνείο

گۆمرك

πρεσβεία

باليۆزخانە

βίζα

ڤىزا

διαβατήριο

پاسپۆرت

μεταφορά

گوهازتن

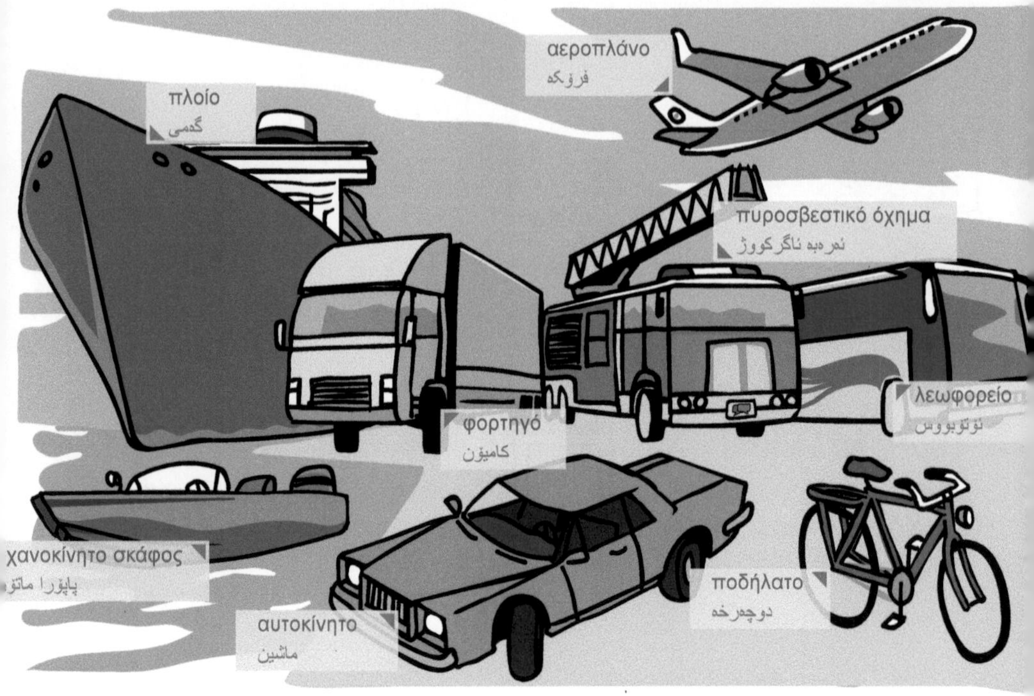
αεροπλάνο
فڕۆکە
πλοίο
گەمی
πυροσβεστικό όχημα
ئەرەبە ئاگرکووژ
λεωφορείο
ئۆتۆبووس
φορτηγό
کامیۆن
χανοκίνητο σκάφος
پاپۆڕا ماتۆ
ποδήλατο
دوچەرخە
αυτοκίνητο
ماشین

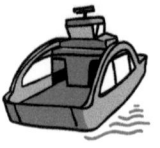

φεριμπότ

....

پاپۆر

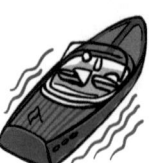

βάρκα

....

پاپۆر

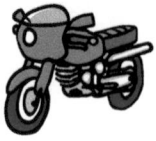

μοτοσικλέτα

....

مۆتۆرسیکلێت

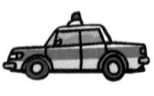

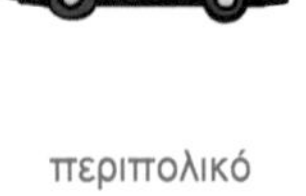

περιπολικό

....

ترمبێلا پۆلیسێ

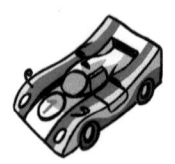

αγωνιστικό αυτοκίνητο

....

ترمبێلا پێشبازیێ

ενοικιαζόμενο αυτοκίνητο

....

ئەرەبە کرێکرنێ

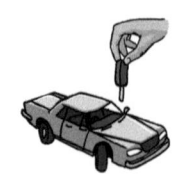

διαμοιρασμός αυτοκινήτων

ماشین پڕڤقەمكرن

γερανός

كاميۆنا كشاندنئ

απορριμματοφόρο

كاميۆنا خوملى

κινητήρας

مۆتۆرسيكلئت

καύσιμο

مازۆت

βενζινάδικο

نيستەگەھها بەنزينئ

πινακίδα σήμανσης

تابلۆيا ترافيكئ

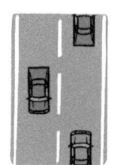

κυκλοφορία

ھاتنووچوون

κυκλοφοριακή συμφόρηση

ترافيك

χώρος στάθμευσης

جهئ پاركئ

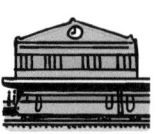

σιδηροδρομικός σταθμός

راوەستەگا ترئنئ

σιδηροδρομικές γραμμές

رئچ

τρένο

ترئن

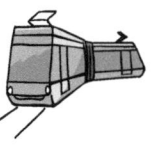

τραμ

ترئنئ گۆلانئ

βαγόνι

نەرمبه

ελικόπτερο

بابرۆک

αεροδρόμιο

بالافرگمه

πύργος

برج

επιβάτης

مسافر

εμπορευματοκιβώτιο

قووتی

χαρτοκιβώτιο

قووتی

καρότσι

گرگرۆک

καλάθι

سطلک

απογειώνομαι /
προσγειόνομαι

رابوون / نیشتن

πόλη

χωριό

گوند

κέντρο της πόλης

ناڤەندا بازاری

σπίτι

خانی

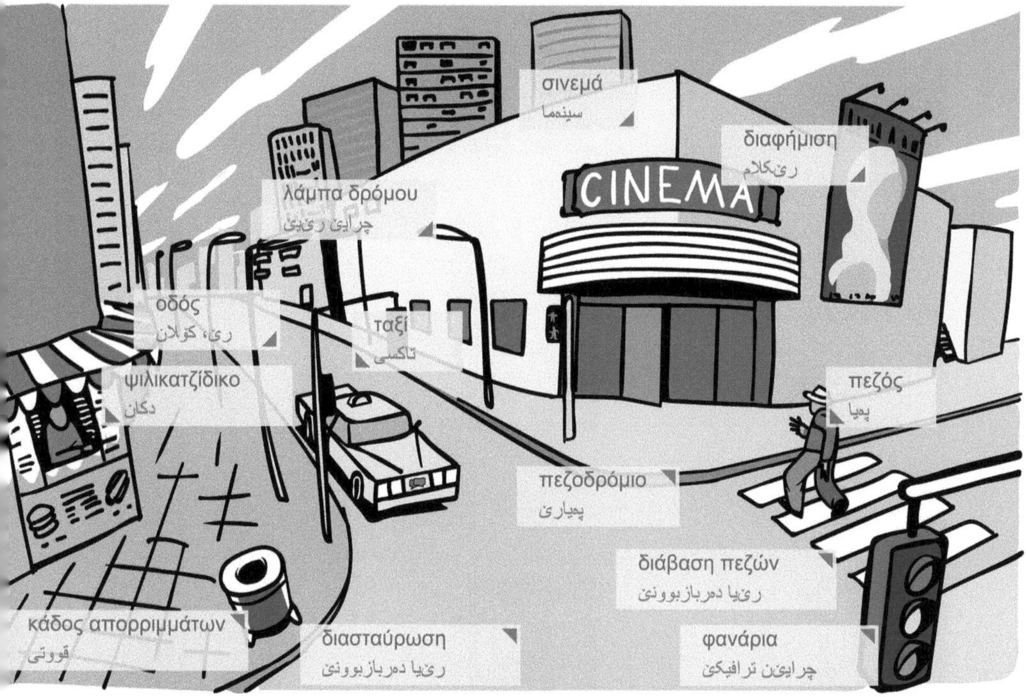

σινεμά
سینما

διαφήμιση
رێکلام

λάμπα δρόμου
چرای ڕێگایی

οδός
ڕێ، کۆلان

ταξί
تاکسی

ψιλικατζίδικο
دکان

πεζός
پیا

πεζοδρόμιο
پیاری

διάβαση πεζών
ڕێیا دمربازبوونی

κάδος απορριμμάτων
قووتی

διασταύρωση
ڕێیا دمربازبوونی

φανάρια
چرایێن ترافیکێ

καλύβα

کۆخ

διαμέρισμα

خانی

σιδηροδρομικός σταθμός

راوەستمکا ترێنێ

δημαρχείο

تملارا شارەقانی

μουσείο

مووزەخانه

σχολείο

دبستان

πανεπιστήμιο

زانینگه

τράπεζα

بانک

νοσοκομείο

نمخوشخانه

ξενοδοχείο

میؤانخانه

φαρμακείο

دەرمانخانە

γραφείο

ئۆفیس

βιβλιοπωλείο

كتێبفرۆشی

κατάστημα

دكان

ανθοπωλείο

گوڵفرۆش

σούπερ μάρκετ

بازار

αγορά

بازار

πολυκατάστημα

سوپهرمارکمت

ιχθυοπωλείο

ماسیفرۆش

εμπορικό κέντρο

ناوەندا کرین

λιμάνι

بمندهر

πάρκο

پارک

παγκάκι

سەكوو

γέφυρα

پر

σκάλες

دەرنجە

μετρό

ژێر زەمینی

τούνελ

تونل

στάση λεωφορείου

وێستگەی ئۆتۆبووس

μπαρ

بار

εστιατόριο

خواردنگە

γραμματοκιβώτιο

سندووقا پۆستێ

πινακίδα δρόμου

نیشاندەرکا رێیێ

παρκόμετρο

مەترا پارکینگێ

ζωολογικός κήπος

باخچا هەیوانان

πισίνα

 هەوزا مەلەڤانیێ

τζαμί

مزگەفت

αγρόκτημα

جۆتگەھ

ρύπανση

لەوتاندنا دەردۆر

νεκροταφείο

گۆرستان

εκκλησία

کەنیسە

παιδική χαρά

نەردێ لەیستنێ

ναός

پەرمستگەھ

τοπίο

تەبیعەت

φύλλο
گەلا

πινακίδα κατεύθυνσης
نیشاندەرکا رێ

δρόμος
رێ

λιβάδι
مێزرگ

πέτρα
کەفر

πεζοπόρος
گەرۆک

δέντρο
دار

ποτάμι
چەم

χορτάρι
گیا

λουλούδι
کولیلک

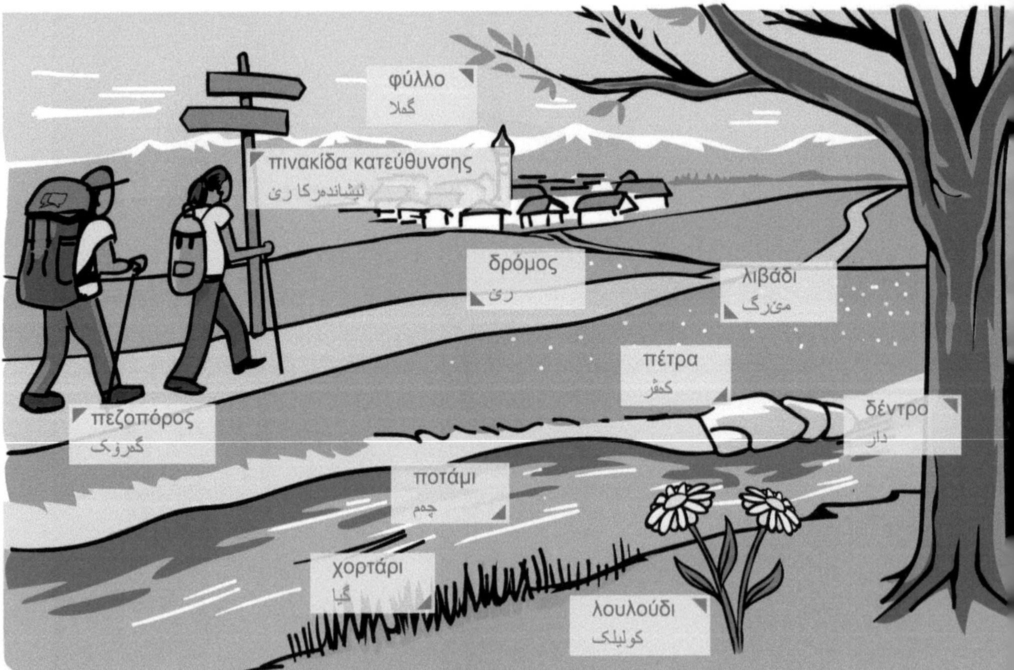

κοιλάδα

دۆل

λόφος

گر

λίμνη

گۆل

δάσος

دارستان

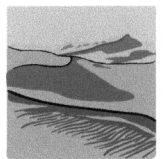

έρημος

بیابان

ηφαίστειο

قۆلکان

κάστρο

کەلمە

ουράνιο τόξο

کەسکەسۆر

μανιτάρι

کفارک

φοίνικας

دارقەسپ

κουνούπι

مخمخک

μύγα

مێش

μυρμήγκι

مێروی

μέλισσα

هنگ

αράχνη

پیری

σκαθάρι

کیزک

βάτραχος

بەق

σκίουρος

سهۆر

σκαντζόχοιρος

ژیژۆک

λαγός

کەرگوه

κουκουβάγια

پەپووک

πουλί

چۆپک

κύκνος

قوو

αγριογούρουνο

بەرازی کۆڤی

ελάφι

پەزکۆڤی

άλκη

پەزکۆڤی

φράγμα

بەنداڤ

ανεμογεννήτρια

توربینا با

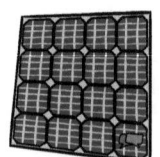

ηλιακός συλλέκτης

پانێلا خۆری

κλίμα

ناڤ و هەوا

σερβιτόρος
بەرکار

κατάλογος
پێشمەک

καρέκλα
کورسی

σούπα
شۆربە

πίτσα
پیزا

μαχαιροπίρουνα
چەتەل و چەمچک

τραπεζομάντιλο
سفرە

ορεκτικό

خواردنا دەستپێک

κύριο πιάτο

خواردنا سەرەکی

επιδόρπιο

شیرانی

ποτά

قەمخوارنان

φαγητό

خوارن

μπουκάλι

جام

φαστ φουντ

خواردنا لەز

φαγητό στ' όρθιο

خواردنا رۆیین

τσαγιέρα

چایدانک

δοχείο ζάχαρης

قووتیا شەکری

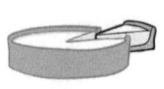

μερίδα

بەش

μηχανή εσπρέσο

ممکینا چێکرنا ئەسپرەسسۆ

ψηλή καρέκλα

کورسیا بلیند

λογαριασμός

هەساب

δίσκος

سینی

μαχαίρι

کێر

πιρούνι

چەتەل

κουτάλι

کەفچی

κουταλάκι του τσαγιού

کەفچیا چای

πετσέτα φαγητού

پێشگر

ποτήρι

قەدەحە

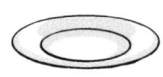

πιάτο

تەیفک

πιάτο σούπας

تەیفکا شۆربە

πιατάκι φλιτζανιού

پیالە

σάλτσα

چۆنج

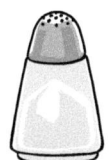

αλατιέρα

خوێدانک

μύλος για πιπέρι

قوتی بیبار

ξύδι

سرکە

λάδι

روون

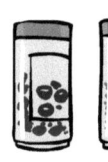

μπαχαρικά

بهارات

κέτσαπ

کەتچاپ

μουστάρδα

موستارد

μαγιονέζα

مایۆنێز

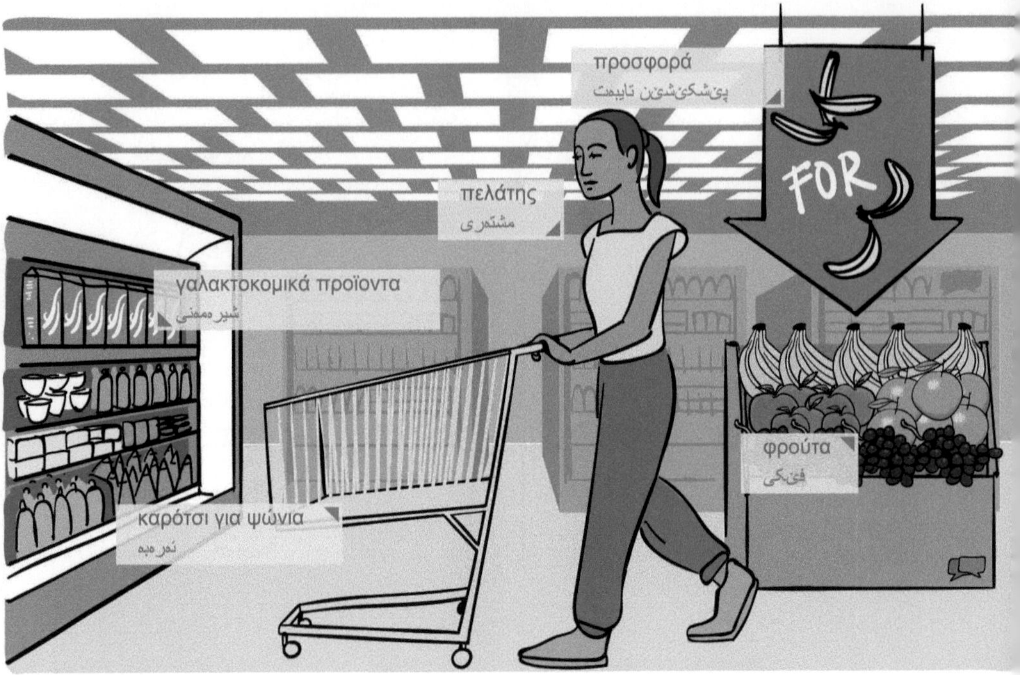

προσφορά
پۆسکئ شوێن تايبەت

πελάτης
مشتەری

FOR

γαλακτοκομικά προϊόντα
شیر مەمنی

φρούτα
فێرکی

καρότσι για ψώνια
ئەرەبەیه

κρεοπωλείο
قسابى

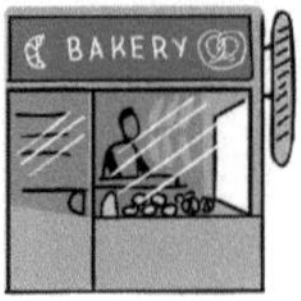

φούρνος
دكانا نانپێژ

ζυγίζω
وەزن کرن

λαχανικά
سەبزه

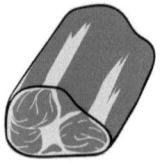

κρέας
گۆشت

κατεψυγμένα τρόφιμα
خوارنێ جەمەدی

αλλαντικά

گۆشتی سار

κονσερβοποιημένη τροφή

خوارنا پیلئ

απορρυπαντικό ρούχων

خوباری پاقژکرنئ

γλυκά

شرینی

οικιακά είδη

بەرهەمێن ناڤخۆیی

καθαριστικά προϊόντα

بەرهەمێن پاقژکرنئ

πωλήτρια

فرۆشیار

ταμείο

خەزنۆک

ταμίας

دراڤگر

λίστα για ψώνια

لیستا کرینئ

ωράριο λειτουργίας

دەمێن قەمکری

πορτοφόλι

جزدان

πιστωτική κάρτα

کارتئ قەرزی

τσάντα

چەوال

πλαστική σακούλα

چەنتە

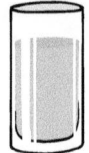

νερό

‫ﺋﺎﻭ‬

χυμός

‫ﺷﻪﺭﺑﻪﺕ‬

γάλα

‫ﺷﯿﺮ‬

κόκα κόλα

‫ﻛﯚﻣﺮ‬

κρασί

‫ﺷﻪﺭﺍﺏ‬

μπίρα

‫ﺑﯿﺮﺍ‬

αλκοόλ

‫ﻧﺎﻟﻜﯚﻝ‬

κακάο

‫ﻛﺎﻛﯚﺯ‬

τσάι

‫ﭼﺎﯼ‬

καφές

‫ﻗﻪﻫﻮﻩ‬

εσπρέσο

‫ﺋﻪﺳﭙﺮﻩﺳﯚ‬

καπουτσίνο

‫ﻛﺎﭘﯚﭼﯿﻨﯚ‬

μπανάνα

موز

μήλο

سیب

πορτοκάλι

پرتقالی

πεπόνι

گوندور

λεμόνι

لیمۆن

καρότο

گێزهر

σκόρδο

سیر

μπαμπού

قامر

κρεμμύδι

پیڤاز

μανιτάρι

قارچک

ξηροί καρποί

گوویز

νουντλς

شهیره

μακαρόνια

سپاگێتتی

ρύζι

برنج

σαλάτα

سەلەتە

πατατάκια

چیپس

τηγανητές πατάτες

پەتەتەی براشتی

πίτσα

پیزا

χάμπουργκερ

هامبورگەر

σάντουιτς

نانۆک

κοτολέτα

گۆشتی ستوویەی بەرخی

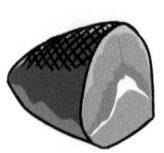

ζαμπόν

گۆشتی هشککری

σαλάμι

سالامی

λουκάνικο

سۆسیس

κοτόπουλο

مریشک

ψητό

بژارتن

ψάρι

ماسی

χυλός βρώμης

شۆربه‌ى بلوول

μούσλι

مووسلی

κορν φλέικς

كۆرنفلگلان

αλεύρι

ئارد

κρουασάν

جرۆسسانت

ψωμάκι

سەمموون

ψωμί

نان

τοστ

تۆست

μπισκότα

نانک

βούτυρο

نقێشک

τυρόπηγμα

ماست

κέικ

كۆلیچه‌

αυγό

هێك

τηγανητό αυγό

هێكا قەلاندی

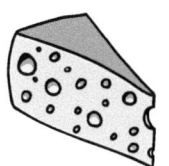

τυρί

پەنیر

παγωτό

دۆندرمه

ζάχαρη

شه‌كر

μέλι

هه‌نگوین

μαρμελάδα

مه‌ربا

άλλειμμα σοκολάτας

خامه‌یا نۆوگات

κάρυ

كوری

αγρόκτημα

جۆتگەه

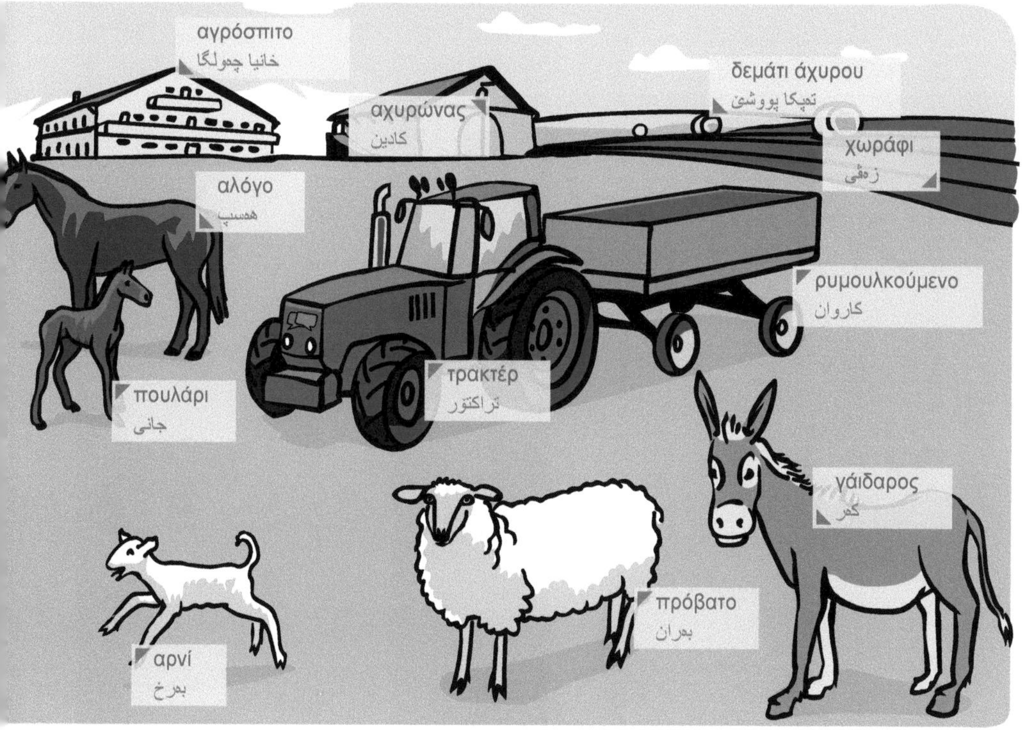
αγρόσπιτο
خانیا چەولگا
δεμάτι άχυρου
تەپکا پووشێ
αχυρώνας
کادین
χωράφι
زەڤی
αλόγο
هەسپ
ρυμουλκούμενο
کاروان
πουλάρι
جانی
τρακτέρ
تراکتور
γάιδαρος
کەر
πρόβατο
بەران
αρνί
بەرخ

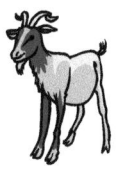

κατσίκα

بزن

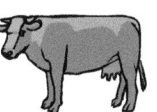

αγελάδα

چێلەک

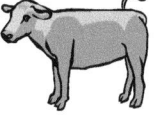

μοσχαράκι

گۆلک

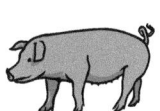

γουρούνι

بەراز

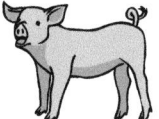

γουρουνάκι

خنزیرک

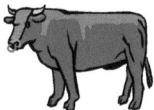

ταύρος

بۆخە

χήνα

قاز

πάπια

مراڵی

κοτοπουλάκι

جووجک

κότα

مریشک

κόκορας

کەڵەشێر

αρουραίος

جرج

γάτα

کتک

ποντίκι

مشک

βόδι

گا

σκύλος

کووجک

σπιτάκι σκύλου

خانیا کووجکی

λάστιχο κήπου

خانی باخی

ποτιστήρι

قوورتیکا ئاڤدانی

θεριστήρι

شالووک

αλέτρι

گاسن

δρεπάνι

داس

τσάπα

مەریوێز

δίκρανο

دارساپک

τσεκούρι

بڵر

χειράμαξα

دەستگەرە

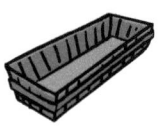

ταΐστρα

قوتی خوارنا جانداران

δοχείο γάλακτος

قووتی شیر

σάκος

توور

φράχτης

چەپەر

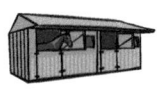

στάβλος

ئاخور

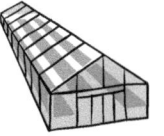

θερμοκήπιο

خانا کولیلکان

έδαφος

ناخ

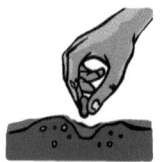

σπόρος

دەندک

λίπασμα

پەین

θεριζοαλωνιστική μηχανή

کۆمباین

θερίζω

زاد

συγκομιδή

زاد

γιαμς

پەتەتە

σιτάρι

گەنم

σόγια

فاسۆلی

πατάτα

پەتەتە

καλαμπόκι

دەخل

κράμβη

دندک

οπωροφόρο δέντρο

داری فێکی

μανιόκα

سێڤێ بن ئەردی

δημητριακά

زاد

خانی

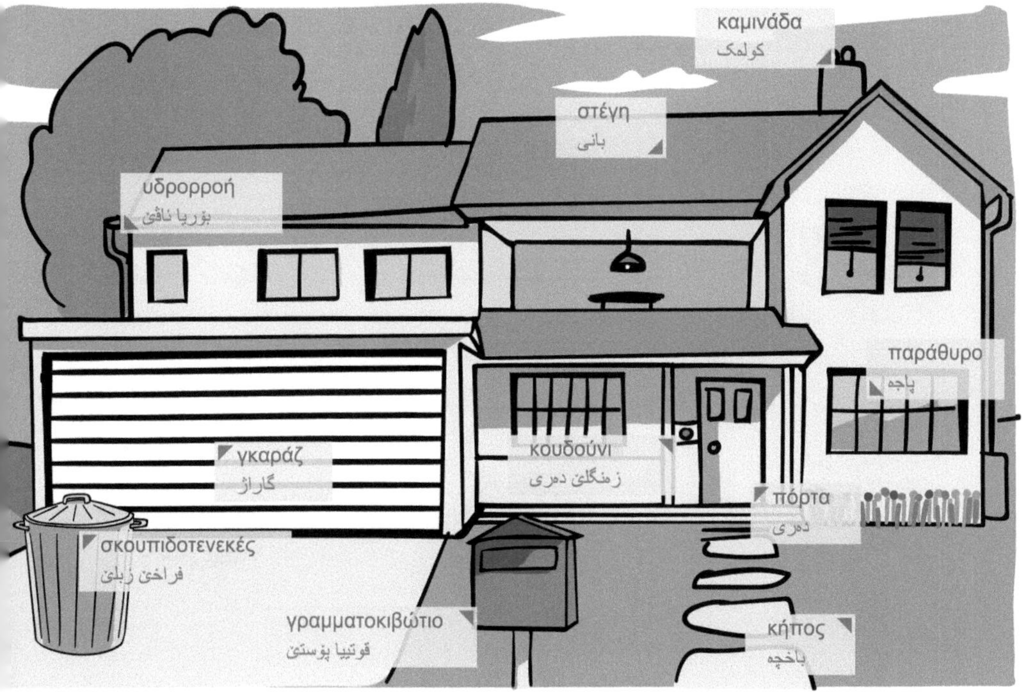

καμινάδα
کولەک
στέγη
بانی
υδρορροή
بۆریا ئاڤێ
παράθυρο
پاجە
γκαράζ
گاراژ
κουδούνι
زەنگلێ دەرێ
πόρτα
دەرێ
σκουπιδοτενεκές
فراخێ زبلێ
γραμματοκιβώτιο
قوتیيا پۆستێ
κήπος
باخچە

σαλόνι

ئۆدا روونشتنێ

μπάνιο

هەمام

κουζίνα

مەتبەخ

υπνοδωμάτιο

ئۆدا خەوێ

παιδικό δωμάτιο

ئۆدەیا زارۆک

τραπεζαρία

ئۆدا شیڤێ

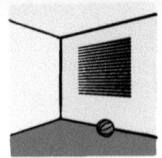

πάτωμα

بنی

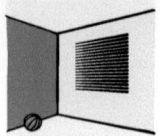

τοίχος

دیوار

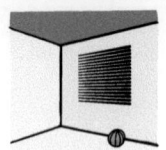

οροφή

بهربان

κελάρι

خەنزک

σάουνα

ساونا

μπαλκόνι

بالکۆن

βεράντα

بەردانک

πισίνα

هەوزا مەلەڤانی

μηχανή του γκαζόν

چیمەن بڕ

σεντόνι

مەلحەفە

κάλυμμα κρεβατιού

بەتانی

κρεβάτι

نڤین

σκούπα

گەزک

κουβάς

ساتل

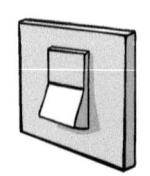

διακόπτης

کلیل

σαλόνι
ئۆدا روونشتنێ

ταπετσαρία
کاخەزێ دیوار
φωτογραφία
وێنە
λάμπα
لامپا
ράφι
رەف
ντουλάπι
دۆلاب
τηλεόραση
تەلەفیسیۆن
τζάκι
ئاگردان
λουλούδι
کولیلک
μαξιλάρι
سەرین
καναπές
قەنەپە
βάζο
گولدانک
τηλεκοντρόλ
کۆنترۆلا دوور

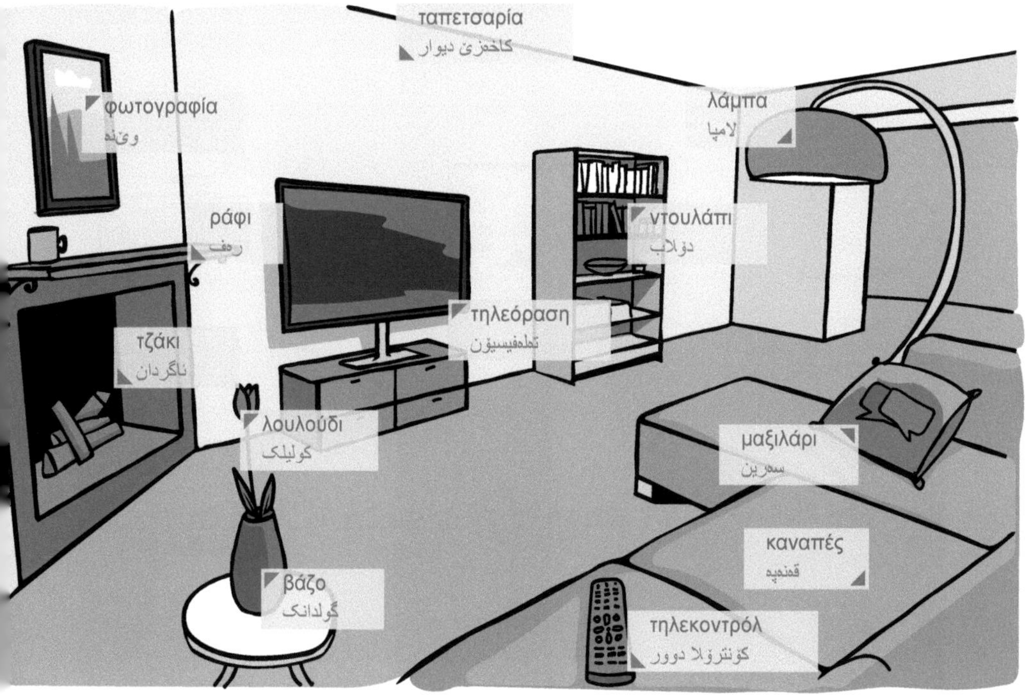

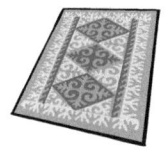

χαλί

خالیچە

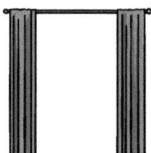

κουρτίνα

پەردە

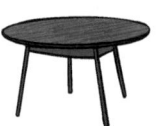

τραπέζι

مێز

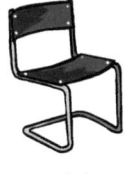

καρέκλα

کورسی

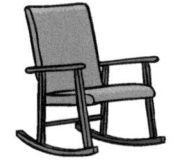

κουνιστή πολυθρόνα

کورسیا هەژانۆک

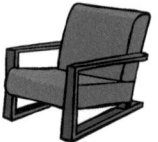

πολυθρόνα

کورسی

βιβλίο

پرتووک

κουβέρτα

بمتانى

διακόσμηση

خەملاندن

καυσόξυλα

نێژنگ

ταινία

فیلم

στερεοφωνικό σύστημα

هـف

κλειδί

کلیل

εφημερίδα

رۆژنامه

πίνακας ζωγραφικής

نیگار

αφίσα

پۆستەر

ραδιόφωνο

رادیۆ

σημειωματάριο

دەفتەر

ηλεκτρική σκούπα

سفنکا نەلمەکتریکی

κάκτος

کاکتووس

κερί

مۆم

κουζίνα

مەتبەخ

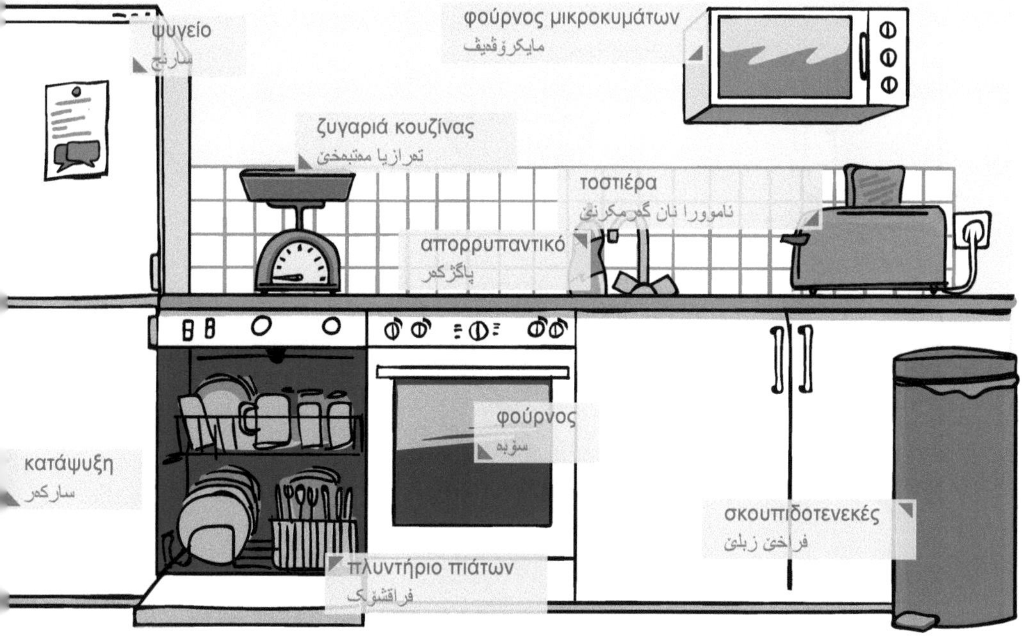

ψυγείο
سارنج
φούρνος μικροκυμάτων
مایکرۆڤەیڤ
ζυγαριά κουζίνας
تەرازیا مەتبەخێ
τοστιέρα
ئامۆورا نان گەرمکرنێ
απορρυπαντικό
پاگژکەر
φούρνος
سۆبە
κατάψυξη
سارکەر
σκουπιδοτενεκές
فراخێ زبلێ
πλυντήριο πιάτων
فراقشۆک

κουζίνα

سۆبە

κατσαρόλα

ئامان

μαντεμένια κατσαρόλα

ئامانێ ئووتوو

γουόκ/καντάι

فراقێ مەزن

τηγάνι

دیزک

βραστήρας

کەلینک

ατμομάγειρας

فراقێ هەلمی

ταψί

سۆنی نانۆن

πιατικά

فراق

κούπα

پیاله

μπολ

کاسک

ξυλάκια

داری نانخوارن

κουτάλα

هەسک

σπάτουλα

کەفچیا مەزن

ανακατεύω

ڕینەک

σουρωτήρι

کەفەگیر

σουρωτηράκι

بێژنگ

τρίφτης

ڕیشکەر

γουδί

دەستار

ψησταριά

براشتن

ανοιχτή φωτιά

ناگرێ ڤالا

σανίδα κοπής

تەختەیا بڕینێ

πλάστης

داركێ نێری

ανοιχτήρι φελλών

دەفک یادەک

κονσέρβα

قووتی

ανοιχτήρι κονσέρβας

قووتیڤەکر

γάντι φούρνου

جاوێ ئامانان

νεροχύτης

دەستنوق

βούρτσα

فرچە

σφουγγάρι

پارازۆيا

μπλέντερ

تەفدێر

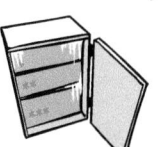

καταψύκτης

سارکەرێ جەمەدی

μπιμπερό

شووشە یببکان

βρύση

هەنەفی

θέρμανση
گەرمژانک

πετσέτα
خاولی

ντους
دووش

κουρτίνα ντουζ
پەردەی هەمامی

αφρόλουτρο
کفڤی هدمام

μπανιέρα
هەوزا هەمام

ποτήρι
قەدەحە

πλυντήριο ρούχων
جلشۆرک

βρύση
هەندەفی

πλακάκια
ناجوور

γιογιό
تواليتا زاروكان

νεροχύτης
دەستشۆ

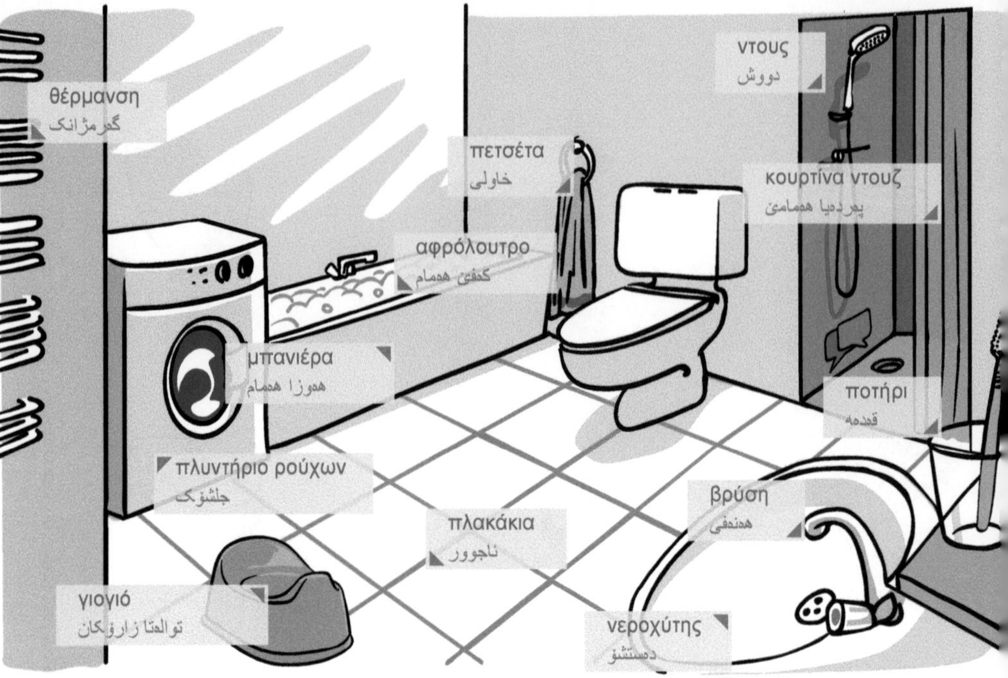

τουαλέτα
توالەت

τούρκικη τουαλέτα
تواليتا ئەردى

μπιντές
توالەت

ουρητήριο
نافىدەمستخانا مێران

χαρτί υγείας
کاخەزا توالەت

πιγκάλ
فرشميا توالەت

οδοντόβουρτσα

فرچيا دران

οδοντόκρεμα

ممجوونا دران

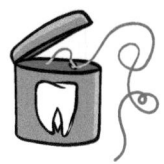

οδοντικό νήμα

نمخا ددان

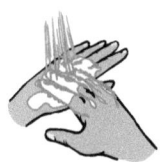

πλένω

شووشتن

τηλέφωνο ντους

دووشن دستئ

ντουσιέρα

دووش

λεκάνη

دستنۆ

βούρτσα πλάτης

فرچا پشت

σαπούνι

سابوون

αφρόλουτρο

جیلئ هممام

σαμπουάν

شامپۆ

φανέλα

فانیله

σιφόνι

زێڕاب

κρέμα

کرێم

αποσμητικό

بۆهن خوشکر

καθρέφτης

مرێک

καθρέφτης χειρός

مرێکا دەستێ

ξυραφάκι

گووزان

αφρός ξυρίσματος

کەفێ تەراشینێ

αφτερσέιβ

ممجوونا پشتی تەراشینێ

χτένα

شەھ

βούρτσα

فرچە

σεσουάρ

پۆر هیشککر

λακ

سپرایا پۆرێ

μακιγιάζ

کۆزمەتیک

κραγιόν

سۆرافک

βερνίκι νυχιών

رەنگێ نینۆک

βαμβάκι

پەمبوو

ψαλίδι νυχιών

مەقەستا نینۆک

άρωμα

پارفووم

νεσεσέρ

چوالئ هەمامێ

σκαμπό

کورسیا بێپشت

ζυγαριά

تەرازی

μπουρνούζι

کنجا هەمامێ

ελαστικά γάντια

لەپکا لاستیکئ

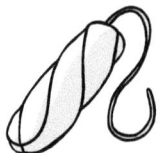

ταμπόν

تامپۆن

πετσέτα υγιεινής

خاولیا پاقژکرنئ

χημική τουαλέτα

توالەتا کیمییەوی

παιδικό δωμάτιο

ئۆدەیا زارۆک

ξυπνητήρι
دەمژمێرک
λούτρινο ζωάκι
لیستۆک
αυτοκινητάκι
ماشینا لیستۆک
κουδουνίστρα
خشخشۆک
κουκλόσπιτο
مالا لیستۆک
δώρο
خەلات

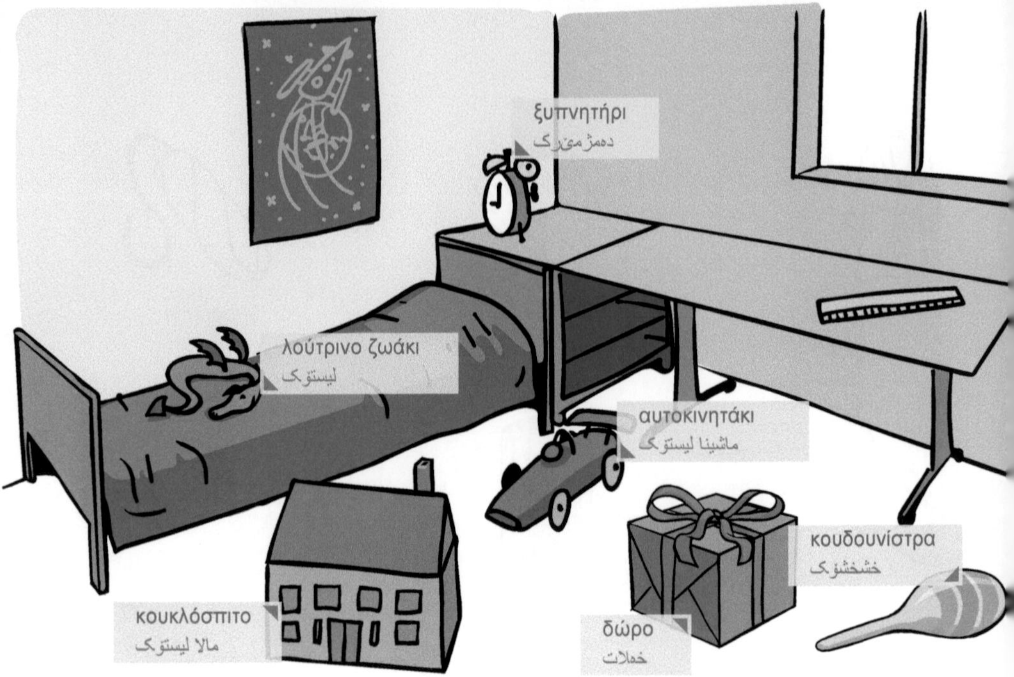

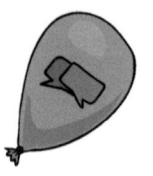

μπαλόνι

پفدانک

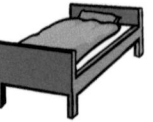

κρεβάτι

نڤین

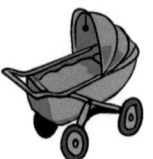

καροτσάκι

کۆچک

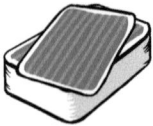

τράπουλα

لیستکا کارتێ

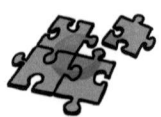

παζλ

فریزبی

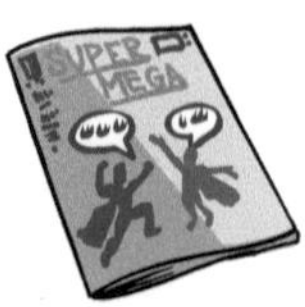

κόμικς

کۆمیک

τουβλάκια lego

ناجوورا لێنگۆ

τουβλάκια κατασκευών

ناجوورا لیستۆک

φιγούρα δράσης

بووكه شووشه

βρεφικό φορμάκι

كنجا بهبكان

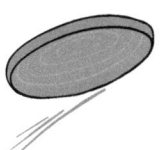

φρίσμπι

فرزبی

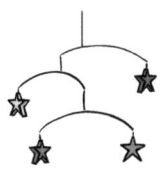

μόμπιλο

قمگو هەمستن

επιτραπέζιο παιχνίδι

لیستكێن تەمخته

ζάρια

مۆر

σετ τρενάκι

مۆدێلا ترێنی

πιπίλα

مەمک

πάρτι

جەژن

εικονογραφημένο βιβλίο

كتێبا وێنه

μπάλα

تۆپ

κούκλα

بووكه شووشه

παίζω

لەیستن

σκάμμα με άμμο

کورنا خیزی

κούνια

جۆلانه

παιχνίδια

لیستوکان

κονσόλα βιντεοπαιχνιδιών

لیستکا ڤیدەۆیی

τρίκυκλο

سێچەرخە

αρκουδάκι

هرچا لیستوک

ντουλάπα

جلدانک

ρούχα
کنج

κάλτσες

گۆره

καλτσοδέτες

گۆره

καλσόν

دەرپێگۆرئ

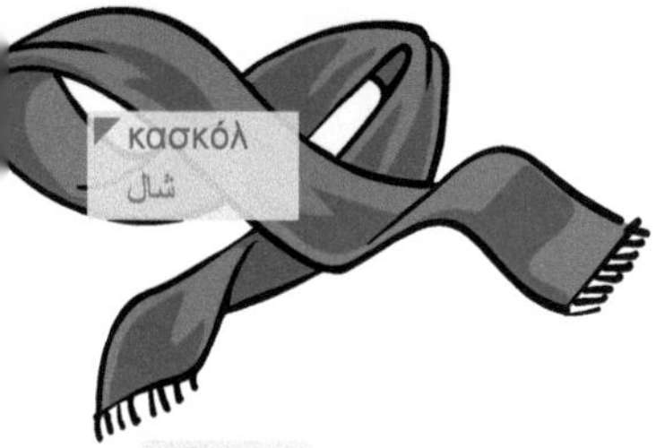
κασκόλ
شال

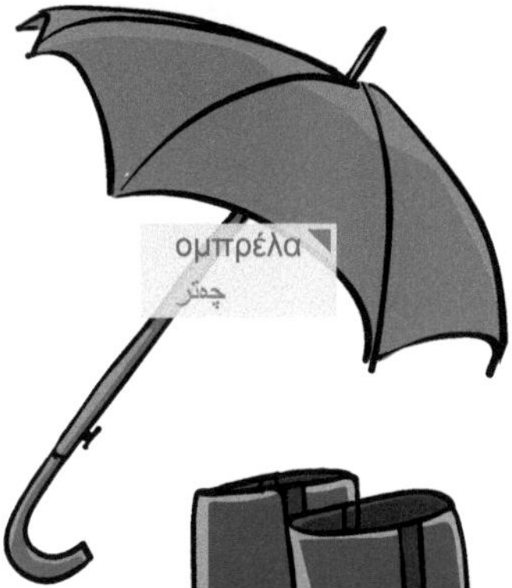
ομπρέλα
چەتر

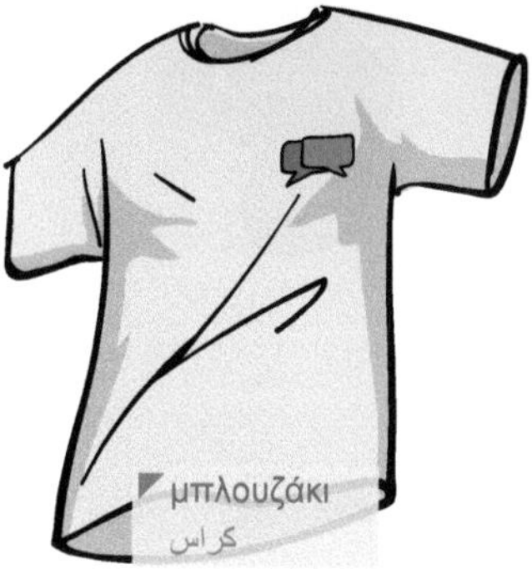
μπλουζάκι
کراس

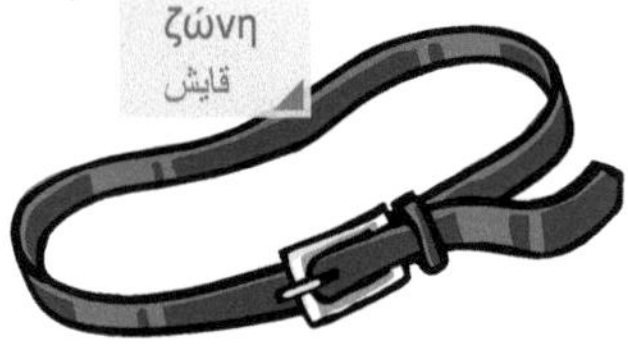
ζώνη
قایش

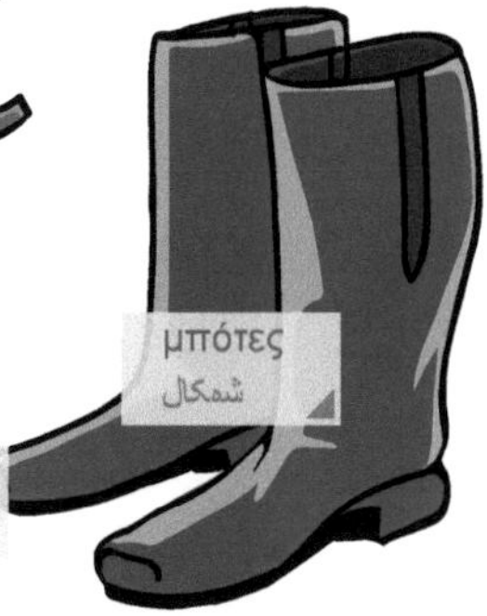
μπότες
شەکال

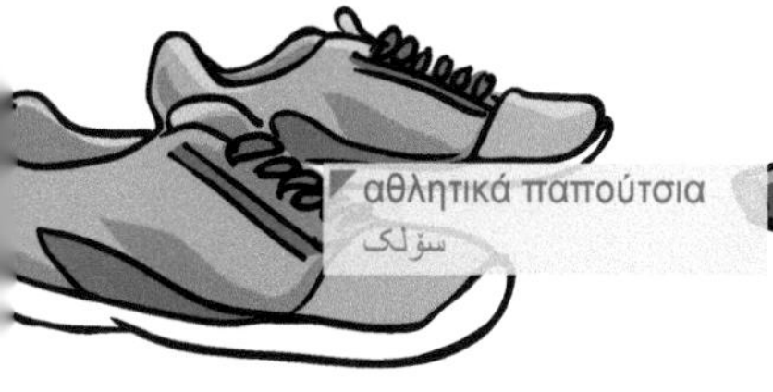
αθλητικά παπούτσια
سۆلک

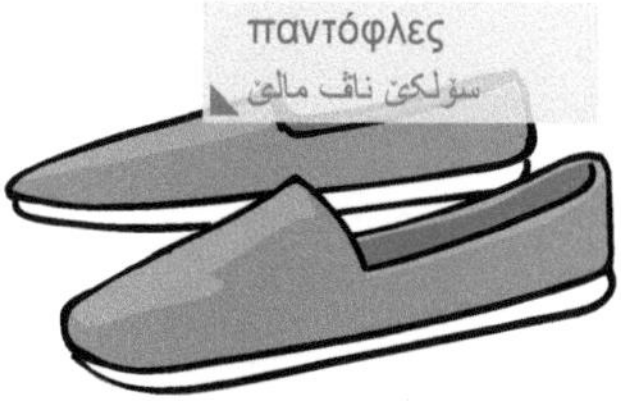
παντόφλες
سۆلکێ ناڤ مالێ

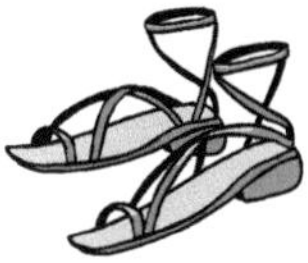

σανδάλια

سۆلک

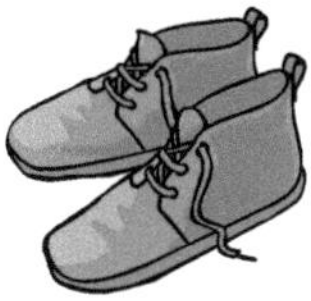

παπούτσια

سۆل

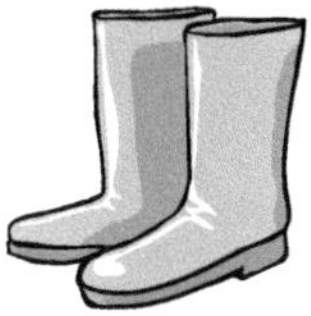

γαλότσες

پۆتینا چەرمێ

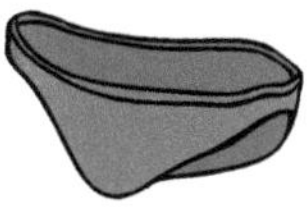

εσώρουχο

پانتۆلێ ژێر

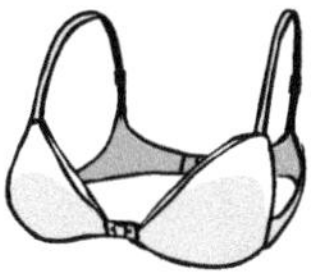

σουτιέν

پێسیر بەند

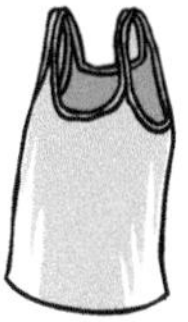

φανέλα

چەکبەند

σώμα

جمندمك

παντελόνι

پانتول

τζιν παντελόνι

ژ مانس

φούστα

دامان

μπλούζα

كر اس

πουκάμισο

كر اس

πουλόβερ

فانيژ لە

πουλόβερ

فانيژ لە

σακάκι

جاكيت

μπουφάν

ساكۆ

παλτό

چاكيت

αδιάβροχο πανωφόρι

بار انی

κοστούμι

لهباس

φόρεμα

فيستان

νυφικό

جلی داومتی

κοστούμι

چاکیت

νυχτικό

پێجامە

πιτζάμες

پێجامە

σάρι

ساری

μαντήλι

لەچک

τουρμπάνι

مێزەر

μπούρκα

هەزرام

καφτάνι

کافتان

μουσουλμανικό ένδυμα

نەبیا

ολόσωμο μαγιό

کنجا ئاژدنیکرن

ανδρικό μαγιό

جلکا مەلەقانی

σορτς

شۆرت

αθλητική φόρμα

جلا هەڤۆژکاری

ποδιά

پێشمال

γάντια

لەپک

κουμπί

دووگمه

γυαλιά

بەرچاڤک

βραχιόλι

بازن

περιδέραιο

گەردەنی

δαχτυλίδι

گوستیل

σκουλαρίκι

گوهارک

καπέλο

دەفک

κρεμάστρα

هەلافستمک

καπέλο

کروم

γραβάτα

کراوات

φερμουάρ

زیپ

κράνος

سەرپارێز

τιράντες

دەرزی

μαθητική στολή

کنجا دبستانی

στολή

یوونیفۆرم

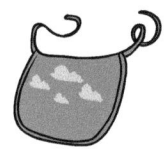

σαλιάρα

بەردلک

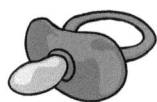

πιπίλα

مەمک

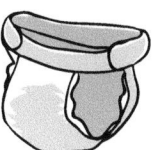

πάνα

پونداخ

γραφείο

ئۆفیس

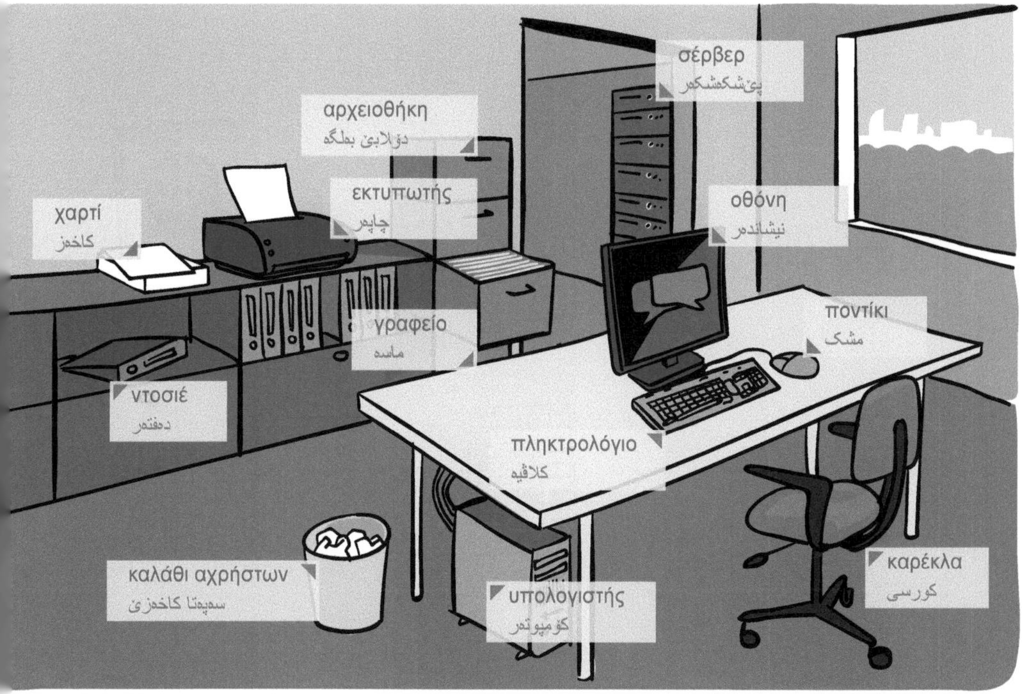

σέρβερ
پێشکەشکەر
αρχειοθήκη
دۆلابێ بەلگە
χαρτί
کاخەز
εκτυπωτής
چاپەر
οθόνη
نیشاندەر
ποντίκι
مشک
γραφείο
ماسە
ντοσιέ
دەفتەر
πληκτρολόγιο
کلاڤیە
καλάθι αχρήστων
سەبەتا کاخەزێ
υπολογιστής
کۆمپیوتەر
καρέκλα
کورسی

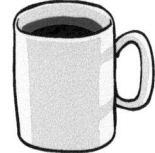

κούπα του καφέ

کاسکا قەهوە

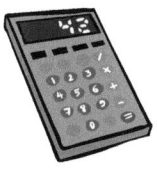

κομπιουτεράκι

هەسابکەر

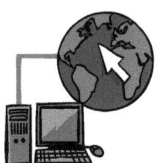

ίντερνετ

ئینتەرنەت

λάπτοπ

کۆمپیوتەرا لاپتوپ

γράμμα

نامه

μήνυμα

پەیام

κινητό

تەلەفۆنا مۆبیل

δίκτυο

تۆر

φωτοτυπικό μηχάνημα

ممکینا فۆتۆکۆپیی

λογισμικό

سۆفتوارە

τηλέφωνο

تەلەفۆن

πρίζα

سۆچکەتا فیشمەک

συσκευή φαξ

ممکینا فاخن

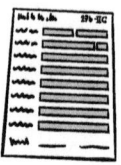

έντυπο

فۆرم

έγγραφο

بەلگە

αγοράζω

كرين

πληρώνω

پەرە دان

συναλλάσσομαι

بازرگانى

χρήματα

پەرە

δολάριο

دۆلار

ευρώ

يۆرۆ

γιεν

يەنى ژاپۆنى

ρούβλι

رۆبلى رووسى

ελβετικό φράγκο

فرانكى سويسى

ρενμίνμπι γιουάν

يوانى چينى

ρουπία

روپى هندى

ATM (αυτόματη ταμειακή μηχανή)

ممكينا ژخوەبەرا دراڤ

ανταλλακτήρια
συναλλάγματος

نۆفىسا پەرە قەمگو هارتنى

χρυσός

زێڕ

ασήμι

زیڤ

πετρέλαιο

نەفت

ενέργεια

وزه

τιμή

بها

συμβόλαιο

پەیمان

φόρος

خاج

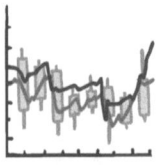

μετοχή

سەهام

δουλεύω

كاركرن

υπάλληλος

كاركەر

εργοδότης

كاردا

εργοστάσιο

فابريكا

κατάστημα

دكان

επαγγέλματα

پرۆفەسیۆن

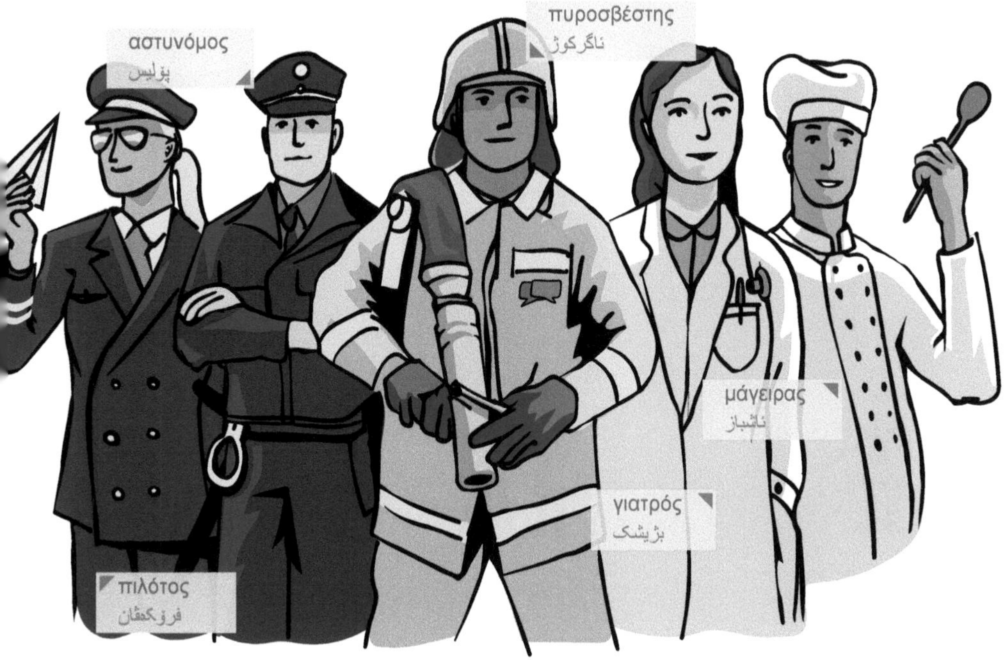

αστυνόμος
پۆلیس
πυροσβέστης
ئاگرکوژ
μάγειρας
ئاشپاز
γιατρός
بژیشک
πιλότος
فڕۆکەڤان

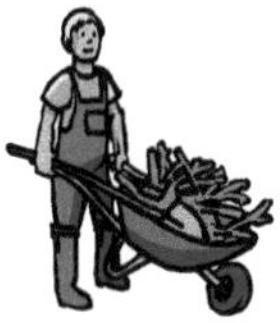

κηπουρός

باخچەڤان

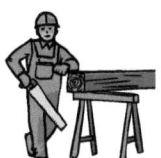

ξυλουργός

نەجار

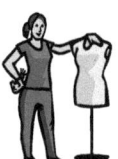

μοδίστρα

دروونڤان

δικαστής

هاکم

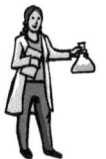

χημικός

شیمیازان

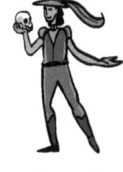

ηθοποιός

شانۆگەر

οδηγός λεωφορείου

شوفێری باسی

ταξιτζής

شوفێرمکی تاکسیی

ψαράς

ماسیقان

καθαρίστρια

پاکژکەر

τεχνίτης στεγών

چێنکری بانی

σερβιτόρος

بمرکار

κυνηγός

نێچرقان

ζωγράφος

رەنگرێس

αρτοποιός

نانپێژ

ηλεκτρολόγος

کارەبافان

οικοδόμος

ناڧاکەر

μηχανολόγος

نەمندەزیار

κρεοπώλης

قەساب

υδραυλικός

لوولەمکار

ταχυδρόμος

پۆستەقان

στρατιώτης

نەسكەر

αρχιτέκτονας

میمار

ταμίας

درافگر

ανθοπώλης

فرۆتكارا چیچەکان

κομμωτής

پۆرچنکەر

ελεγκτής εισιτηρίων

ناژۆڤان

μηχανικός

مەکانیک

καπετάνιος

كەشتیڤان

οδοντίατρος

پزیشكا ددانان

επιστήμονας

زانستیار

ραβίνος

رووهان

ιμάμης

ئیمام

μοναχός

كەشە

ιερέας

كەشیش

εργαλεία

ئامووران

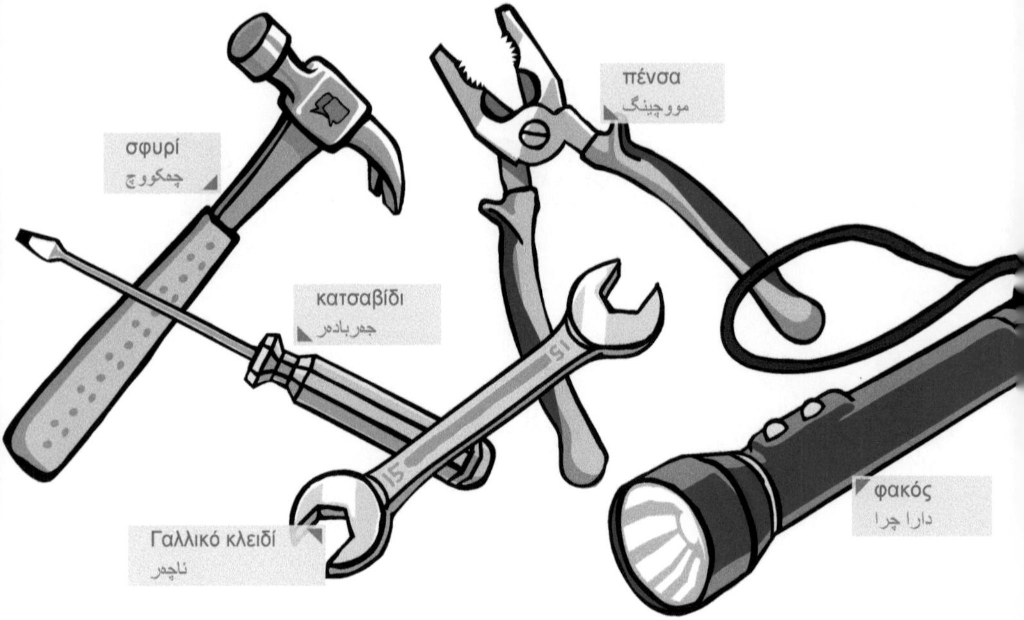

σφυρί
چەکووچ
πένσα
مووچینگ
κατσαβίδι
جەربادەر
Γαλλικό κλειδί
ئاچەر
φακός
دارا چرا

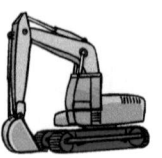

εκσκαφέας

شۆفەل

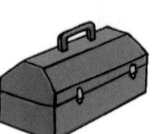

εργαλειοθήκη

قووتیا ئامووران

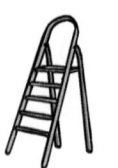

σκάλα

پەیژە

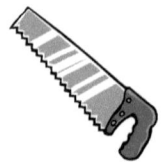

πριόνι

مشار

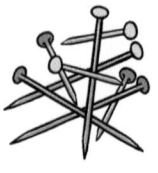

καρφιά

میخ

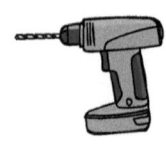

τρυπάνι

قولکرن

επισκευάζω

چێکرن

φτυάρι

مەربێر

Να πάρει!

نالەت!

φαράσι

بێل

δοχείο χρωμάτων

قووتیا رەنگێ

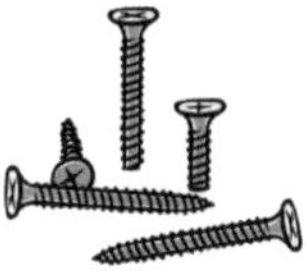

βίδες

جەڕ

μουσικά όργανα
ئاموورێن مووزیکێ

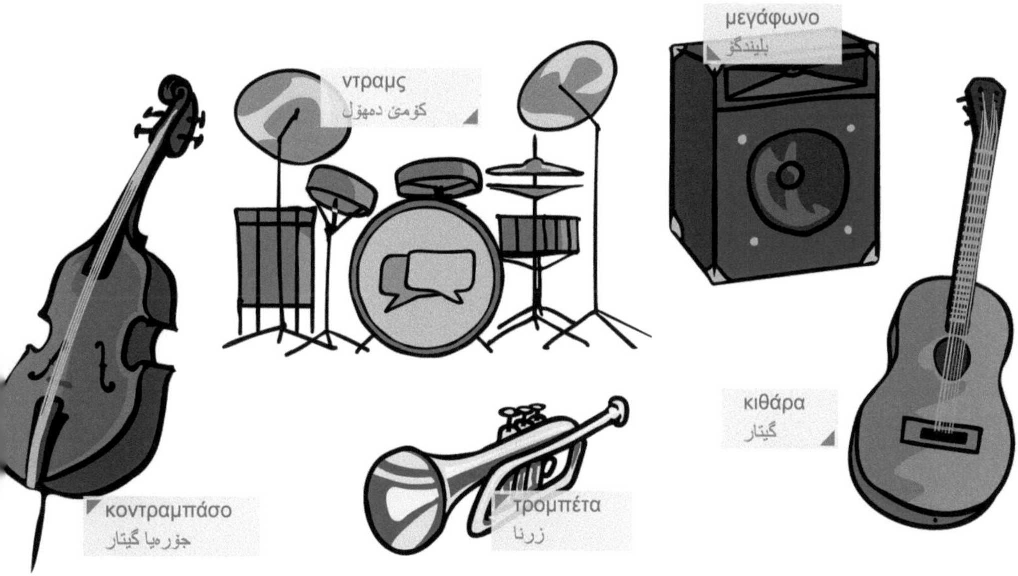
μεγάφωνο
بلیندگۆ
ντραμς
کۆمێ دەهۆل
κιθάρα
گیتار
κοντραμπάσο
جۆرەیا گیتار
τρομπέτα
زرنا

πιάνο

پیانۆ

βιολί

ڤیۆلین

μπάσο

باس

τύμπανα

دەهۆل

τύμπανο

داهۆل

πλήκτρα

کەیبۆرد

σαξόφωνο

ساکسۆفۆن

φλάουτο

بلوور

μικρόφωνο

میکرۆفۆن

τίγρης بلنگ

κλουβί قەفەس

ζέβρα کەری چیا

ζωοτροφή خوارنا هەیوان

είσοδος نافدر

πάντα پاندا

ζώα
....
هەیوان

ελέφαντας
....
فیل

καγκουρό
....
کانگاروو

ρινόκερος
....
کەرکەدەن

γορίλας
....
گۆریل

αρκούδα
....
هرچ

καμήλα

هوشتر

στρουθοκάμηλος

هوشتر مرغ

λιοντάρι

شیر

πίθηκος

میمون

φλαμίνγκο

فلامینگو

παπαγάλος

پاپاخان

πολική αρκούδα

خرچا جدمسری

πιγκουίνος

پنگوین

καρχαρίας

سماسی

παγώνι

تاووس

φίδι

مار

κροκόδειλος

تمساه

φύλακας ζωολογικού κήπου

پاریزمرا باخچا ناژ الان

φώκια

سمیا دەریا

τζάγκουαρ

پلنگ

πόνυ

پہسپ

λεοπάρδαλη

پلنگ

ιπποπόταμος

ہہسپی رووبار

καμηλοπάρδαλη

جانہیٔشتر

αετός

ہملۆ

αγριογούρουνο

بەرازئ کۆڤی

ψάρι

ماسی

χελώνα

کووسی

θαλάσσιος ίππος

والراس

αλεπού

رۆڤی

γαζέλα

خەزال

Αμερικάνικο ποδόσφαιρο
فووتبۆلی ئامریکا

ποδηλασία
بسکلین‌تان

αντισφαίριση
تێنیس

μπάσκετ
باسکی‌تبۆل

κολύμβηση
ناوّزمنیکرن

πυγμαχία
بۆخنگ

χόκεϊ επί πάγου
هۆ‌کەیا سەر جەممەدی

ποδόσφαιρο
فووتبۆل

μπάντμιντον
بادمنتۆن

στίβος
ین ناتلەتیزرمی

χάντμπολ
هەندبۆل

σκι
بەفراژۆتن

πόλο
پۆلۆ

δραστηριότητες

چالاکیان

πηδάω
هلپەکە
αγκαλιάζω
هەمبێز
γελάω
کەنین
περπατάω
برێڤەچوون
τραγουδάω
لاوژە گوتن
ονειρεύομαι
خەون دیتن
προσεύχομαι
نمێژ کرن
φιλάω
ماچکرن

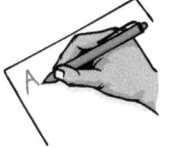

γράφω

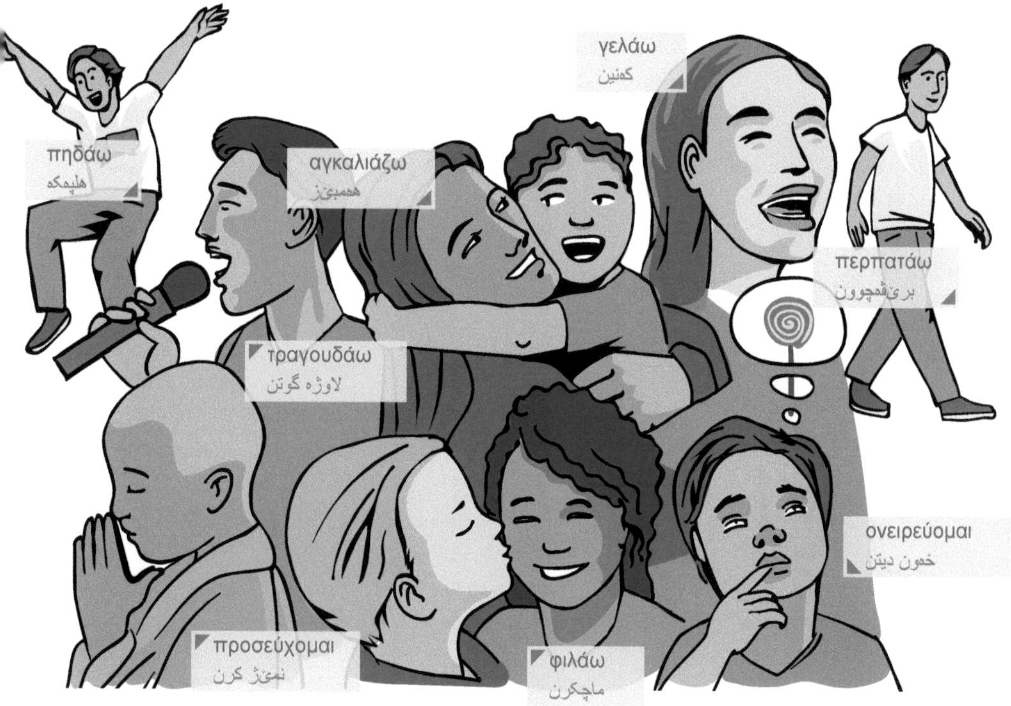

نڤیساندن

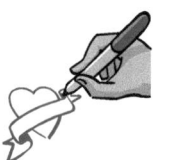

σχεδιάζω

نیگار کێشان

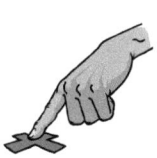

δείχνω

نیشان دان

πιέζω

پالدان

δίνω

دایین

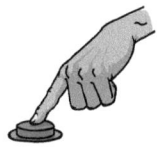

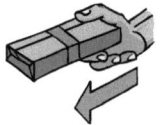

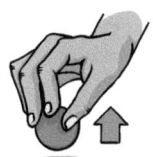

παίρνω

راکرن

έχω

هەبین

κάνω

کرن

είμαι

بوون

στέκομαι

سمکنین

τρέχω

بازدان

τραβάω

کشاندن

ρίχνω

ناڕێتن

πέφτω

کەتن

ξαπλώνω

دەرمو کرن

περιμένω

سمکنین

κουβαλώ

گوهەزتن

κάθομαι

روونشتن

φοράω

جل بەرکرن

κοιμάμαι

رازان

ξυπνάω

رابوون

κοιτάω

مێزه کرن

κλαίω

گرین

χαϊδεύω

جملته

χτενίζω

شه کرن

μιλάω

پەیڤین

καταλαβαίνω

فامکرن

ρωτάω

پرسکرن

ακούω

بهیستن

πίνω

قەدخوارن

τρώω

خوارن

συγυρίζω

کۆم کرن

αγαπάω

هەزکرن

μαγειρεύω

خوارن چێکرن

οδηγώ

ئاژۆتن

πετάω

فڕین

κάνω ιστιοπλοΐα

کشتیقانی

υπολογίζω

همسباندن

διαβάζω

خواندن

μαθαίνω

هینبوون

δουλεύω

کارکرن

παντρεύομαι

زموجین

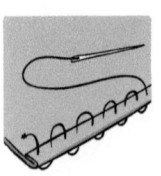

ράβω

درووتن

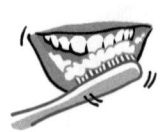

βουρτσίζω τα δόντια

ددان شووتن

σκοτώνω

کوشتن

καπνίζω

دووخان

στέλνω

شاندن

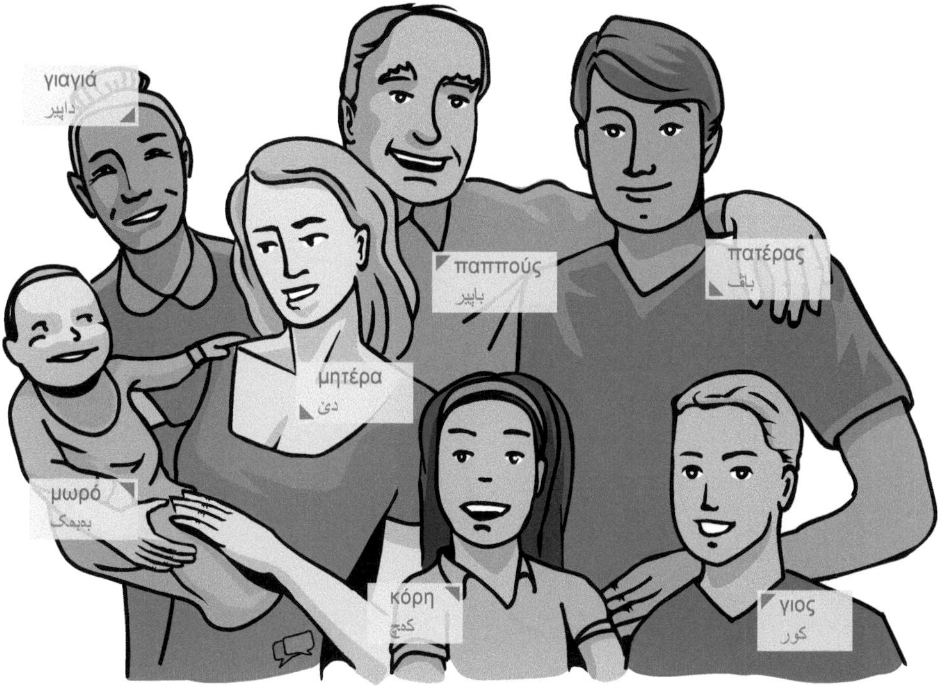
γιαγιά
داپیر
παππούς
باپیر
πατέρας
باڤ
μητέρα
دێ
μωρό
بەیەک
κόρη
کچ
γιος
کور

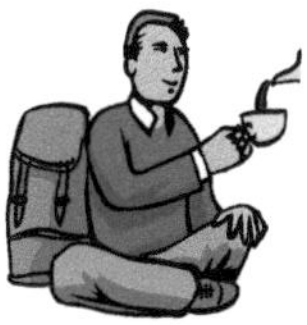

καλεσμένος

مێڤان

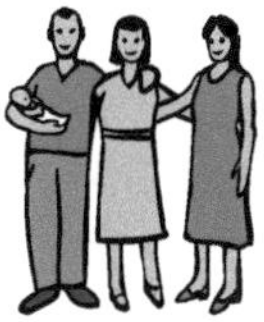

θεία

مەت

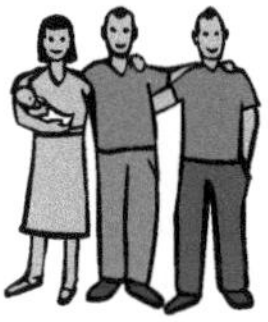

θείος

ئاپ/خال

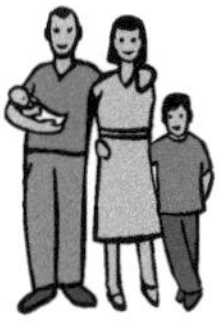

αδελφός

برا

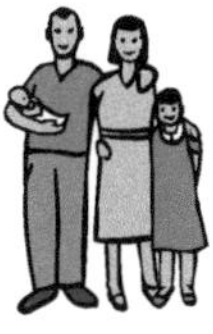

αδελφή

خوشک

σώμα

بەدەن

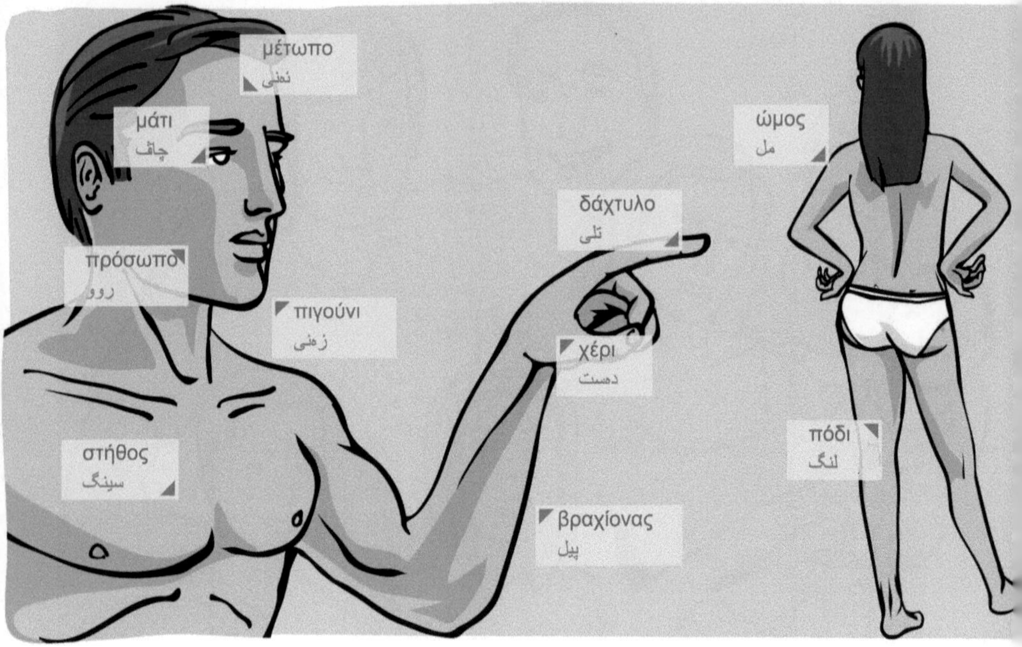

μέτωπο
ئەنی
μάτι
چاڤ
ώμος
مل
δάχτυλο
تلی
πρόσωπο
روو
πιγούνι
زەنی
χέρι
دەست
πόδι
لنگ
στήθος
سینگ
βραχίονας
پیل

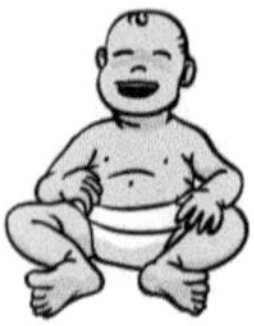

μωρό
....
بەبەک

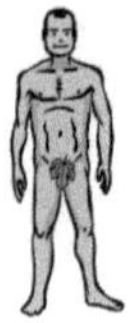

άνδρας
....
مێر

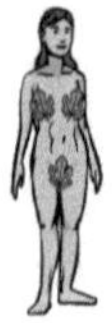

γυναίκα
....
ژن

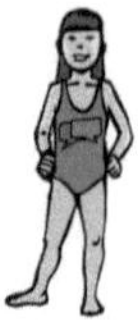

κορίτσι
....
کەچ

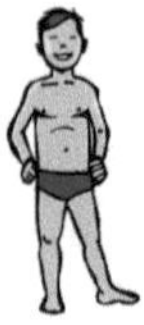

αγόρι
....
کوڕ

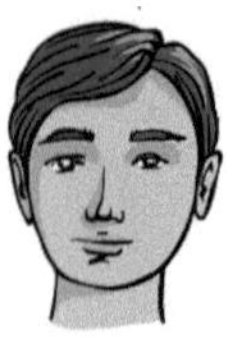

κεφάλι
....
سەر

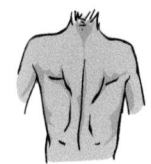

πλάτη

پشت

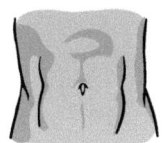

κοιλιά

زک

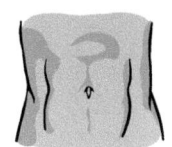

αφαλός

ناڤک

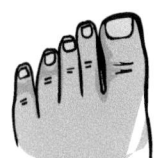

δάχτυλο ποδιού

تلیا پێ

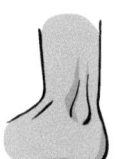

φτέρνα

پانی

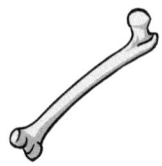

κόκκαλο

هسته‌ی

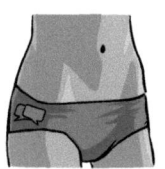

γοφός

کۆلیمه‌ک

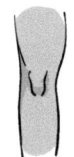

γόνατο

ژوونی

αγκώνας

نه‌نیشک

μύτη

دفن

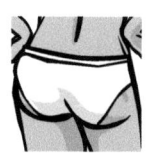

γλουτός

قوون

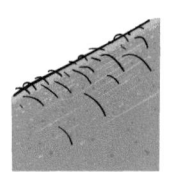

δέρμα

چه‌رم

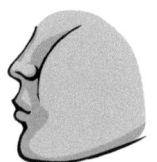

μάγουλο

روو

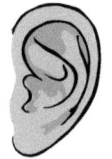

αυτί

گووه

χείλος

لێڤ

στόμα

دەف

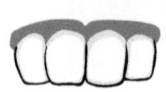

δόντι

دران

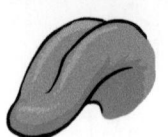

γλώσσα

زمان

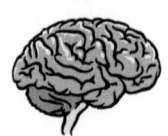

εγκέφαλος

مێژی

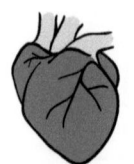

καρδιά

دل

μυς

ماسوول

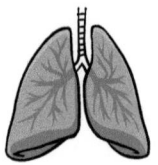

πνεύμονας

جیگەرا سپی

συκώτι

جگەر

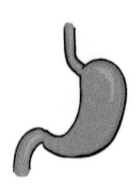

στομάχι

ماده

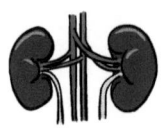

νεφρά

گوورچکان

σεξουαλική επαφή

جۆتبوون

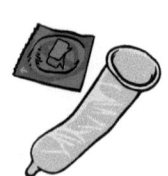

προφυλακτικό

کۆندۆم

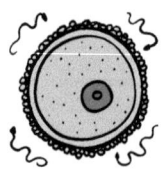

ωάριο

هێک

σπέρμα

تۆف

εγκυμοσύνη

دووجانی

σώμα - بەدەن

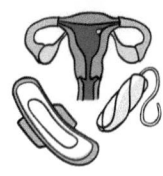

περίοδος

ناده

γυναικείος κόλπος

قووز

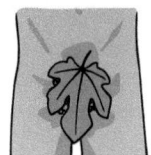

πέος

كير

φρύδι

بروو

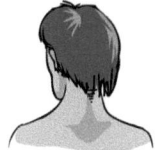

μαλλιά

پۆر

λαιμός

هووستوو

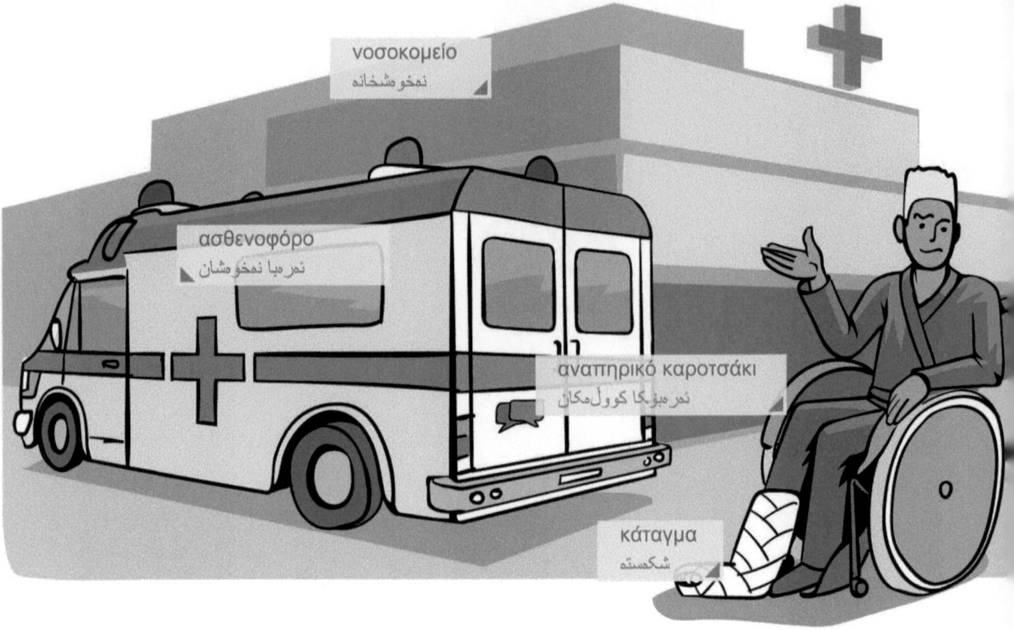

νοσοκομείο

نەخۆشخانە

νοσοκομείο
نەخۆشخانە
ασθενοφόρο
ئەرەبا نەخۆشان
αναπηρικό καροτσάκι
ئەرەبۆکا کووڵەکان
κάταγμα
شکەستە

γιατρός

....

بژیشک

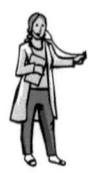

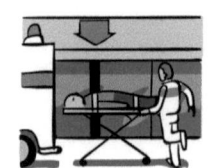

μονάδα εντατικής θεραπείας

....

ئۆدا لەزگینێ

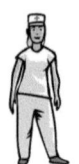

νοσοκόμα

....

نەخۆشیار

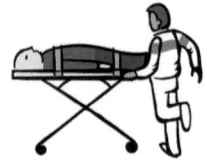

έκτακτη ανάγκη

....

ئاجیلییەت

λιπόθυμος

....

بێهای

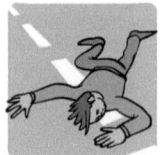

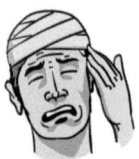

πόνος

....

ئێش

τραύμα

برين

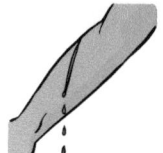

αιμορραγία

خوێنپژان

έμφραγμα

هێرشا دلی

εγκεφαλικό

جەڵتە

αλλεργία

ئالەرژی

βήχας

کوخک

πυρετός

تا

γρίππη

زکام

διάρροια

ناڤچووین

πονοκέφαλος

سەرێش

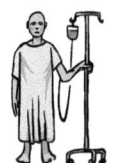

καρκίνος

قانسێر

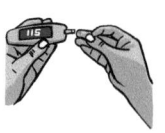

διαβήτης

نەخوەشیا شەکری

χειρουργός

نەمەلیکار

νυστέρι

سکالپێل

εγχείρηση

نەمەلی

αξονική τομογραφία

جت

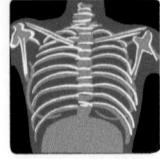

ακτινογραφία

سوورەتی رۆنتگێن

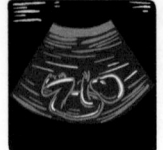

υπέρηχος

ئوولتراساوند

μάσκα

ماسکی رووی

ασθένεια

نەخۆشی

αίθουσα αναμονής

ئۆدا سمکینینی

πατερίτσα

گۆچان

χάνσαπλαστ

شیل

επίδεσμος

پاچی برینپۆچانی

ένεση

دەرزی

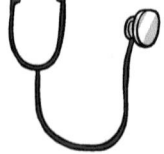

στηθοσκόπιο

بیستۆکا پزیشکی

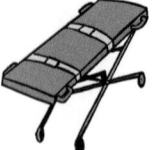

φορείο

داربەست

θερμόμετρο

تیرمۆمیترا کلینیکی

γέννηση

زایین

υπέρβαρο

قەلەو

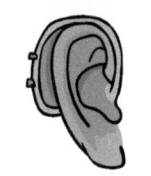

ακουστικό βαρηκοΐας

ناليكاريا بهيستنى

αντισηπτικό

باكتەريكوژ

λοίμωξη

كۆتيبوون

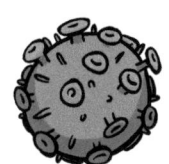

ιός

فيرووس

HIV/AIDS

هڤ / ئادس

φάρμακο

دەرمان

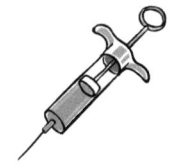

εμβολιασμός

كوتان

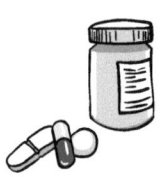

δισκία

هەبان

χάπι

هەب

κλήση έκτακτης ανάγκης

لەزگين

πιεσόμετρο αίματος

ديمەندەرى پەستۆ خوين

άρρωστος / υγιής

نەخوەش / ساخ

Βοήθεια!

هاوار!

συναγερμός

ئالارم

βιαιοπραγία

نەريش

επίθεση

نەريشكرن

κίνδυνος

تالووك

έξοδος κινδύνου

دەركەتنا ناجل

Φωτιά!

ناگر!

πυροσβεστήρας

ناگر قەمراندنئ

ατύχημα

قەزا

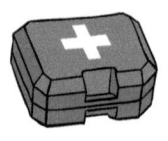

κουτί πρώτων βοηθειών

نالەتوێن ئاليكاريا يەكەم

SOS

سۆس

αστυνομία

پۆليس

Ευρώπη

ئەورۆپا

Βόρεια Αμερική

نامریکایا باکوور

Νότια Αμερική

نامریکایا باشوور

Αφρική

نافریکا

Ασία

ناسیا

Αυστραλία

ناووسترالیا

Ατλαντικός Ωκεανός

ناتلانتیک

Ειρηνικός Ωκεανός

نۆکیانووسا مەزن

Ινδικός Ωκεανός

نۆکیانووسا هندی

Ανταρκτικός Ωκεανός

نۆکیانووسا ئانتارکتیکا

Αρκτικός Ωκεανός

نۆکیانووسا نارکتیک

Βόρειος Πόλος

جەمسەرا باکوور

Νότιος Πόλος

جەنۇبى باشوور

Ανταρκτική

ئانتارکتیکا

Γη

يەر

γη

ناخ

θάλασσα

بەھر

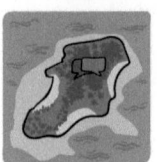

νησί

دوورگە

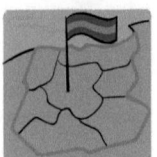

έθνος

مىللەت

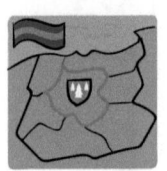

πολιτεία

ۋىلايەت

κανταρ ρολογιού

روویی ساعت

ωροδείκτης

نشاندهرکا دهمژمێر

λεπτοδείκτης

نشاندهرکا دهقه

δείκτης δευτερολέπτων

نشاندهرکا سانیه

Τι ώρα είναι;

سوێت چهنده؟

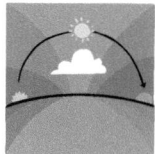

ημέρα

رۆژ

χρόνος

دهم

τώρα

نها

ψηφιακό ρολόι

ساعتی دجیتال

λεπτό

دهقە

ώρα

سوێت

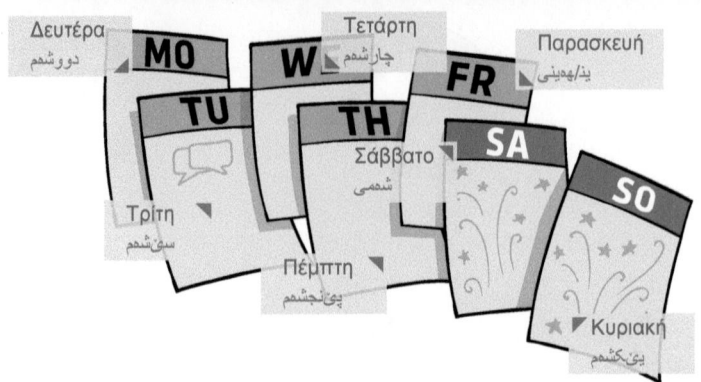

Δευτέρα دووشەم
MO
TU
Τρίτη سێ‌شەم
Τετάρτη چوارشەم
W
TH
Πέμπτη پێنجشەم
FR
Παρασκευή یە‌/هەینی
Σάββατο شەمە
SA
SO
Κυριακή یەک‌شەم

χθες

دوه

σήμερα

ئیرۆ

αύριο

سبەی

πρωί

سبە

μεσημέρι

نیوەڕۆ

βράδυ

ئێواران

MO	TU	WE	TH	FR	SA	SU
1	2	3	4	5	6	7
8	9	10	11	12	13	14
15	16	17	18	19	20	21
22	23	24	25	26	27	28
29	30	31	1	2	3	4

εργάσιμες ημέρες

رۆژانی کاری

MO	TU	WE	TH	FR	SA	SU
1	2	3	4	5	6	7
8	9	10	11	12	13	14
15	16	17	18	19	20	21
22	23	24	25	26	27	28
29	30	31	1	2	3	4

Σαββατοκύριακο

داوی‌ا هەفتە

βροχή
باران

ουράνιο τόξο
كمكسمور

χιόνι
بەفر

άνεμος
با

άνοιξη
بهار

καλοκαίρι
هاڤین

φθινόπωρο
پاییز

χειμώνας
زمستان

4.APRIL	11°	☀
5.APRIL	4°	⛅
6.APRIL	13°	☁
7.APRIL	8°	☀
8.APRIL	10°	☀

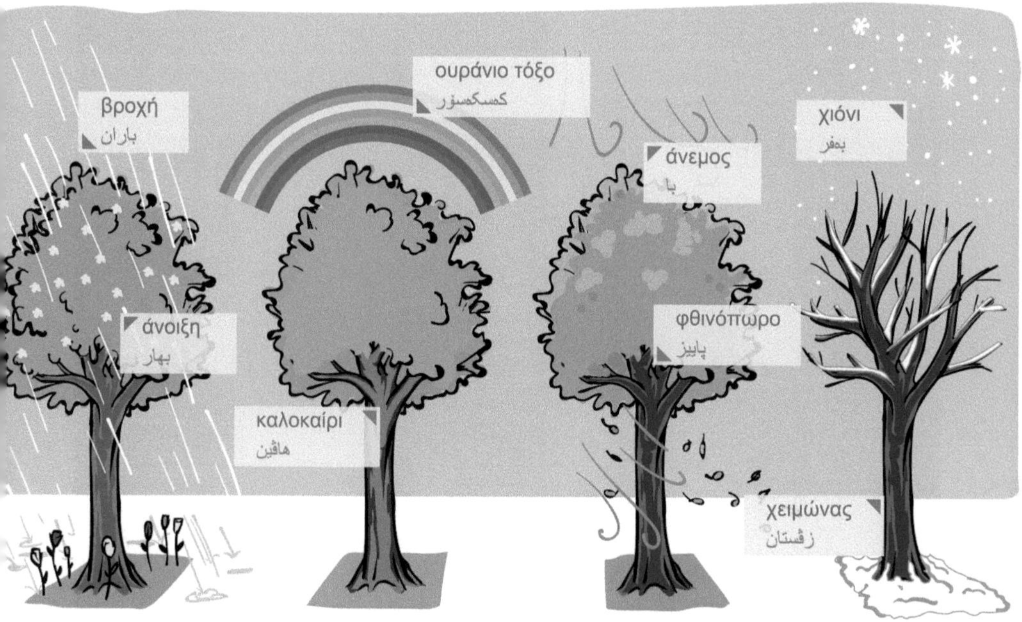

πρόγνωση καιρού

پێشبینیا هموا

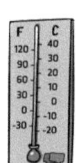

θερμόμετρο

تمهنبیڤ

λιακάδα

تاڤ

σύννεφο

هەور

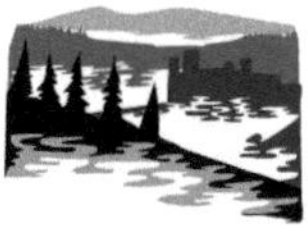

ομίχλη

مژ

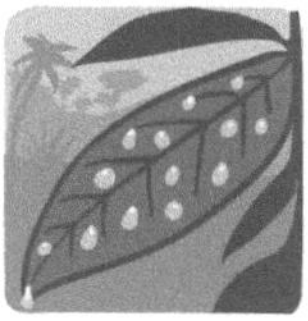

υγρασία

هۆرمی

αστραπή

برق

κεραυνός

برووسک

καταιγίδα

تۆفان

χαλάζι

تەرگ

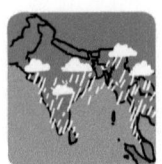

μουσώνας

مانسوون

πλημμύρα

لافاو

πάγος

جەمەد

Ιανουάριος

ڕێبەندان

Φεβρουάριος

رەشەمە

Μάρτιος

نەورۆز

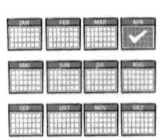

Απρίλιος

گوڵان

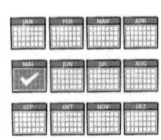

Μάιος

جۆزەردان

Ιούνιος

پووشپەر

Ιούλιος

گەلاوێژ

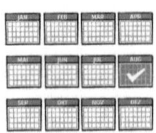

Αύγουστος

خەرمانان

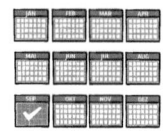

Σεπτέμβριος

رەزبەر

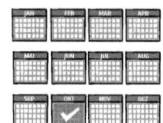

Οκτώβριος

كەوچێر

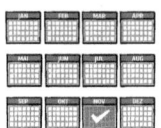

Νοέμβριος

سەرماوەز

Δεκέμβριος

بەفرانبار

σχήματα
شێوە

κύκλος

چەمبەر

τετράγωνο

چارچک

ορθογώνιο
παραλληλόγραμμο
چارگۆزی

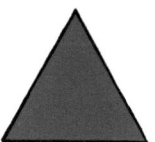

τρίγωνο

سێگۆزی

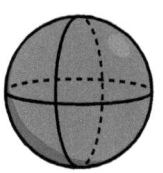

σφαίρα

قادا

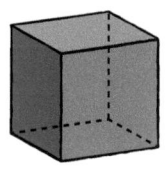

κύβος

خشتەک

άσπρο

سپی

κίτρινο

زەرد

πορτοκαλί

پرتەقاڵی

ροζ

پەمبە

κόκκινο

سۆر

μωβ

مۆر

μπλε

شین

πράσινο

كەسک

καφέ

قەھوەیی

γκρι

گدور

μαύρο

رەش

πολύ / λίγο

زۆر / کەم

θυμωμένος / ήρεμος

ب هێزرس / بێدەنگ

όμορφος / άσχημος

بەدەو / نەرند

αρχή / τέλος

دەستپێک / داوی

μεγάλος / μικρός

مەزن / بچووک

φωτεινός / σκοτεινός

ڕوونی / تاری

αδελφός / αδελφή

براک / خوشک

καθαρός / λερωμένος

پاکژ / گرێژ

πλήρης / ατελής

تەواو / نەتەمام

ημέρα / νύχτα

ڕۆژ / شەڤ

νεκρός / ζωντανός

مری / زندی

φαρδύς / στενός

فرە / تەنگ

βρώσιμος / μη βρώσιμος

خوش / نمخوش

κακός / ευγενικός

نمباش / باش

ενθουσιασμένος / βαριεστημένος

ب همیجان / ئاجز

παχύς / λεπτός

قطمو / زراڤ

πρώτος / τελευταίος

یمکممین / داوین

φίλος / εχθρός

همڤال / دژمن

γεμάτος / άδειος

تژی / ڤالا

σκληρός / μαλακός

رەق / نەرم

βαρύς / ελαφρύς

گران / سڤک

πείνα / δίψα

برچی / تینی

άρρωστος / υγιής

نمخوش / ساخ

παράνομος / νόμιμος

نمقانوونی / قانوونی

έξυπνος / χαζός

رەمشبیر / بالووله

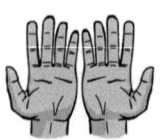

αριστερός / δεξιός

چەپ / راست

κοντινός / μακρινός

نێزی / دوور

καινούριος /
μεταχειρισμένος

نوو / بکارهاتی

τίποτα / κάτι

هیچ / تشتمک

γέρος | νέος

کال / جوان

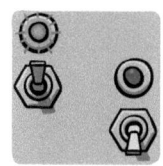

αναμμένος / σβηστός

ل / ژ

ανοιχτός / κλειστός

قفمکری / گرتی

χαμηλόφωνος /
μεγαλόφωνος

ئارام / دمنگبلند

πλούσιος / φτωχός

دەولەمەند / رەبحن

σωστός / λανθασμένος

راست / شاش

τραχύς / λείος

دبر / هلوو

λυπημένος / χαρούμενος

خەمگین / شا

κοντός / μακρύς

کورت / دریژ

αργός / γρήγορος

هێدی / زوو

υγρός / στεγνός

شل / زوا

ζεστός / δροσερός

گەرم / هۆنک

πόλεμος / ειρήνη

شەر / ناشتی

0	**1**	**2**
μηδέν	ένα	δύο
سفر	یەک	دوو

3	**4**	**5**
τρία	τέσσερα	πέντε
سێ	چار	پێنج

6	**7**	**8**
έξι	εφτά	οκτώ
شەش	حەوت	هەشت

9	**10**	**11**
εννιά	δέκα	έντεκα
نۆه	دەه	یازده

12

δώδεκα

دازده

13

δεκατρία

سیزده

14

δεκατέσσερα

چارده

15

δεκαπέντε

پازده

16

δεκαέξι

شازده

17

δεκαεφτά

هفده

18

δεκαοκτώ

هژده

19

δεκαεννέα

نۆزدده

20

είκοσι

بیست

100

εκατό

سد

1.000

χίλια

هزار

1.000.000

εκατομμύριο

ملیۆن

Αγγλικά

ئىنگلىزى

Αμερικάνικα Αγγλικά

ئنگلیزیا ئامەریکى

Μανδαρίνικα Κινέζικα

چىنى ماندارىن

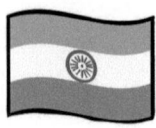

Χίντι

ھىندى

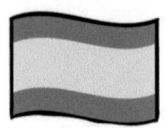

Ισπανικά

ئىسپانىئولى

Γαλλικά

فرەنسى

Αραβικά

ئەرەبىى

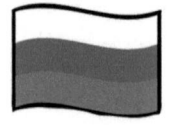

Ρώσικα

رووسى

Πορτογαλικά

پۆرتوگالى

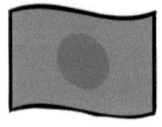

Μπενγκάλι

بەنگالى

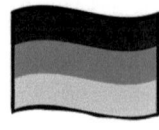

Γερμανικά

نەلمانى

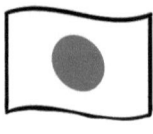

Ιαπωνικά

ژاپونى

εγώ

من

εσύ

تو

αυτός / αυτή / αυτό

ئەو / ئەف / ئەو

εμείς

ئێمه

εσείς

تو

αυτοί / αυτές / αυτά

ئەو

ποιος / ποια / ποιο;

کی؟

τι;

چ؟

πώς;

چاوا؟

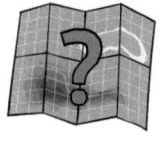

πού;

کیدەرئ؟

πότε;

کەنگی؟

όνομα

ناڤ

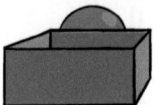

πίσω

پشتی

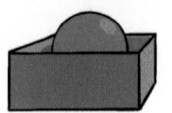

μέσα

μπροστά

پێشی

πάνω από

سەر

πάνω

سەر

κάτω

بن

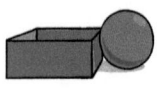

δίπλα

کۆلمک

ανάμεσα

ناڤبەر

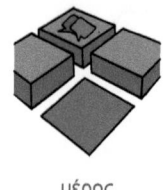

μέρος

جە